BERTRAND

DU GUESCLIN

PAR

Victor DELCROIX

ROUEN

MÉGARD ET Cⁱᵉ, LIBRAIRES-EDITEURS

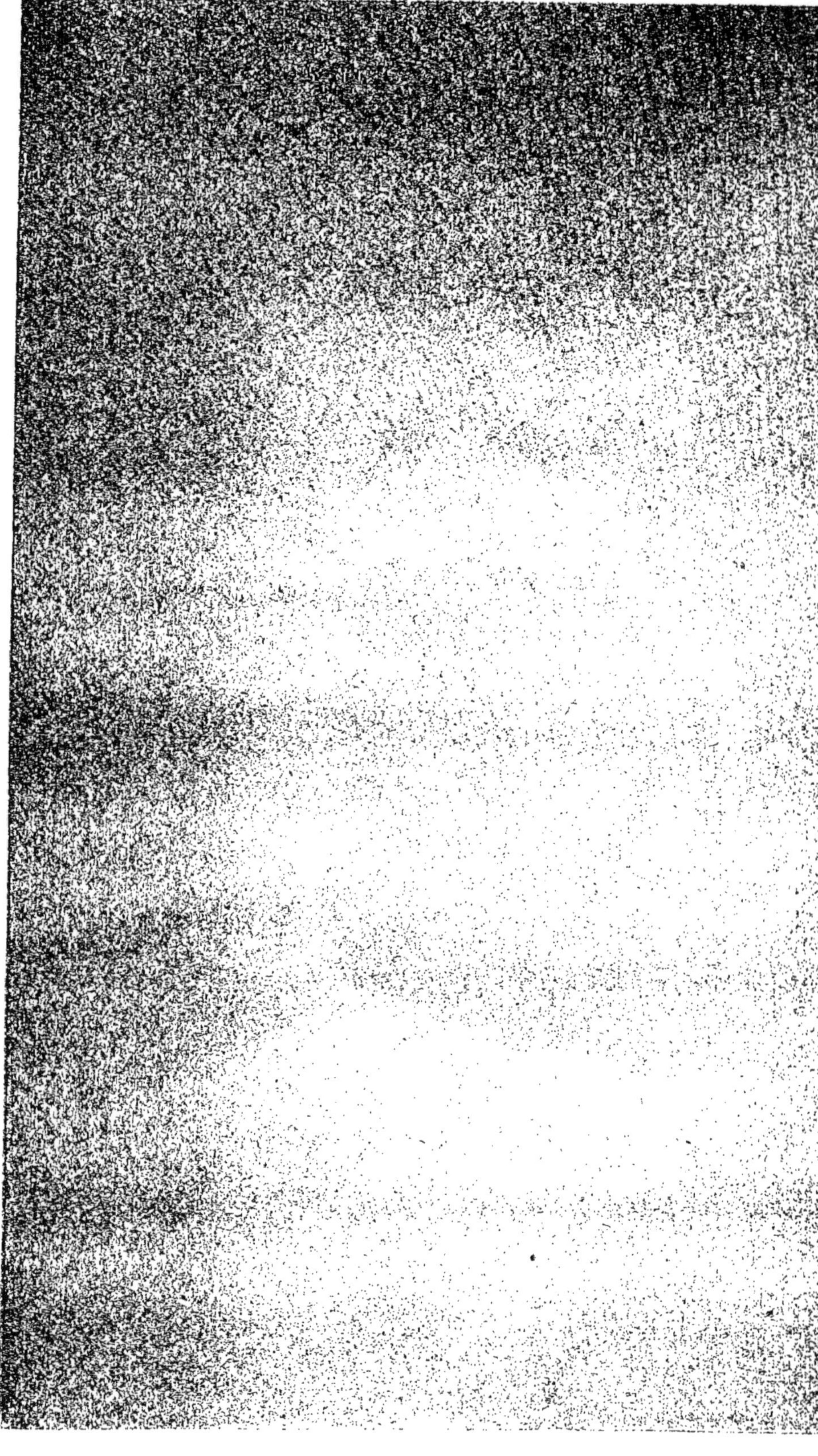

BIBLIOTHÈQUE MORALE

DE

LA JEUNESSE

—

3ᵉ SÉRIE IN-8°

Arrivé le premier au haut des murailles, Bertrand y planta sa bannière au cri de guerre : « Guesclin ! Notre-Dame Guesclin ! »

BERTRAND

DU GUESCLIN

PAR

Victor DELCROIX

ROUEN

MÉGARD ET C°, LIBRAIRES-ÉDITEURS

1881

BERTRAND DU GUESCLIN.

I.

Bertrand du Guesclin, qui devait être le héros du règne de Charles V et le fléau des Anglais, naquit en 1320, au château de la Motte-Broon, à six lieues de Rennes, capitale du duché de Bretagne.

Rien en lui ne fit d'abord espérer qu'un brillant avenir lui fût réservé. Il était fort laid, « le plus laid qu'il y eût de Rennes à Dinan, » dit un vieux poëme. Il avait la taille épaisse, les épaules élevées, les jambes mal faites, la tête énorme, le cou très-court, le nez épaté, les yeux verdâtres et le teint basané. Loin de racheter ces défauts physiques par d'aimables qualités, il était brusque, hargneux, obstiné, colère, et il inspirait à tous autant de répulsion que de crainte.

Incapable de rester en place, il sautait par les fenêtres, quand on lui fermait les portes ; il cherchait querelle aux petits paysans qu'il rencontrait, et, toujours battant ou battu, il rentrait les cheveux en désordre, les vêtements déchirés, les mains et le visage en sang.

Dès qu'il eut l'âge d'apprendre à lire, on lui donna un précepteur ; mais au bout d'un an, celui-ci, désespérant de son élève, qui en était encore à l'alphabet, quitta le château pour n'y plus revenir. Bertrand se serait volontiers réjoui d'en être délivré ; mais ses parents, que ce départ affligeait, le traitèrent avec sévérité, et, dans l'espoir de le corriger, lui infligèrent punition sur punition.

Ce moyen ne leur réussit pas. Bertrand, n'ayant peur de rien, ne pouvait être touché que par la douceur et la raison. Les châtiments l'irritaient et le rendaient méchant. Bientôt son père et sa mère seuls purent l'approcher sans avoir à redouter les coups de bâton qu'il distribuait à tort et à travers.

Ses frères et ses sœurs, beaucoup plus doux, plus soumis, montrant de l'intelligence et de la bonne volonté, lui étaient préférés par sa famille et par toutes les personnes qui fréquentaient le château.

— Ceux-là sont bien mes enfants, disait la dame du Guesclin ; mais Bertrand n'a rien de son père ni de moi. Il faut que la nourrice à qui j'avais confié mon fils aîné

l'ait remplacé par ce petit vagabond, qui ne nous cause
que des chagrins.

Presque chaque jour, pendant les repas, l'enfant terrible cherchant querelle à ses frères, à ses sœurs, et
passant rapidement des injures aux coups, sa mère lui
fit dresser une table à part, et ne le servit que le dernier.
Cette punition redoubla sa mauvaise humeur et le rendit
tout à fait intraitable.

Un jour qu'il mangeait dans son coin comme d'habitude, il se leva soudain, et, s'avançant vers la table autour
de laquelle ses frères et ses sœurs étaient assis, il s'écria
en leur montrant le poing :

— Je suis votre aîné ; vous n'avez pas le droit de vous
mettre à table avant moi. Cédez-moi la place ; sinon, je
la prendrai de force!

Les enfants, qui savaient ce que valaient les menaces
de cet aîné, bien qu'il n'eût guère alors que huit ans, se
levèrent aussitôt et se dirigèrent vers le bas bout de la
table, si bien que Bertrand se trouva placé près de sa
mère.

La châtelaine n'avait pu s'empêcher de rire en l'entendant réclamer ses droits ; elle le laissa donc en jouir.
Mais à peine en possession de sa place, il porta si gros-
sièrement la main à tous les plats, que la dame du
Guesclin ordonna à un valet de le prendre et de l'emmener. Avant que le domestique eût exécuté cet ordre,
Bertrand, furieux, saisit la table et la poussa avec une
telle violence, qu'il la renversa sur les autres enfants
effrayés.

Pendant qu'ils se relevaient, moitié riant, moitié pleu-

[illegible] enfant à genoux, sur qui il avait
[illegible] sa tête, il s'était redressé tout droit et
[illegible].

Alors que la dame du Tueschinau eut le temps de
lui apprendre la cause de ce désordre, la religieuse
courut à Bertrand, qui contemplait cette scène d'un air
de triomphe. Elle s'approcha de lui et le regarda avec
attention.

— Voilà, dit-elle, un enfant qui a dans la physionomie
quelque chose de bon et de grand.

Puis elle l'attira sur ses genoux, l'embrassa et lui
adressa quelques douces paroles. Bertrand était si peu
habitué à ce langage, qu'il s'élança à l'autre bout de la
[salle, saisit] le bâton qu'il y avait laissé, et revint vers elle
en courant.

— Je ne veux pas qu'on se moque de moi. Taisez-
vous, ou je vous casse la tête.

Cette religieuse était la fille d'un savant médecin, et
comme il lui avait appris à soigner les malades, elle se
rendait auprès de tous ceux qui l'appelaient. Elle ne
s'effraya pas de la menace de Bertrand; elle lui persuada
qu'elle ne se moquait pas de lui, et, le prenant par la
main, elle le baisa au front.

— Quel est donc cet enfant? demanda-t-elle.

— Hélas! c'est mon fils aîné, répondit la châtelaine.
N'est-ce pas un grand malheur qu'il soit si indocile et si
méchant? Ne sera-t-il pas la honte de notre famille?

— Il paraît violent et emporté; mais ne vous désolez

pas, noble dame, il se corrigera, et, loin de déshonorer
votre famille, il en sera la gloire et l'appui. Je vois en lui,
pour l'avenir, un brave chevalier et un grand capitaine.

La châtelaine n'ajoutait pas une foi entière à ces promesses ; elle en éprouva cependant quelque consolation
et elle invita la religieuse à venir dîner au château le
lendemain.

Au moment où elle arrivait, on apporta sur la table
un paon rôti ; ce qui était alors un mets très recherché.
Bertrand quitta précipitamment sa place, prit le plat des
mains du maître d'hôtel et vint le lui présenter.

— Pardonnez-moi, lui dit-il, la manière dont je me
suis conduit hier. Je vous promets qu'il ne m'arrivera
plus rien de semblable et que personne n'aura désormais
à se plaindre de moi.

Il alla ensuite au buffet, fit remplir une coupe et
l'apporta à la religieuse, en la priant de boire pour
l'amour de lui.

— De tout mon cœur, répondit-elle. Je vois que je ne
me suis pas trompée en disant que cet enfant sera la
gloire de sa maison.

— Comment cela se pourrait-il ? dit Bertrand. On ne
s'occupe de moi que pour me railler, et chacun ici se
croit en droit de me manquer de respect.

Sa mère, surprise de l'entendre s'exprimer ainsi, demanda à la religieuse comment s'était accompli un si
grand miracle, son fils n'ayant pas jusque-là fait preuve
de la moindre raison.

— Le fruit qui ne mûrit jamais ne vaut rien, répondit
Bertrand ; mais celui qui mûrit tard est bon.

La dame du Guesclin, de plus en plus étonnée, emmena la religieuse dans son oratoire et y conduisit son fils, pour qu'elle l'examinât de nouveau.

— Je voudrais croire à ce que vous m'annoncez, lui dit-elle, mais je n'ose me livrer à de si hautes espérances.

— Dieu seul connaît l'avenir, répondit la savante fille ; cependant la physionomie de cet enfant indique qu'il sera plus tard capable de concevoir de grands projets et de les mener à bonne fin. Mais il faut pour cela, noble dame, que vous l'éleviez avec beaucoup de douceur et de sagesse.

— Je ferai ce que vous me conseillez, reprit la châtelaine, et à partir d'aujourd'hui, Bertrand sera traité comme doit l'être l'aîné de la famille du Guesclin.

Elle tint sa promesse, et l'enfant, tout fier des égards dont il se vit l'objet, devint si attentif, si prévenant et si doux, que son père, en revenant après une assez longue absence, déclara qu'il se chargerait lui-même de son éducation.

Il l'entretenait souvent des beaux faits d'armes de l'antiquité et il remarquait qu'alors l'admiration, l'orgueil, l'enthousiasme transfiguraient les traits irréguliers et vulgaires de cet enfant.

Bertrand aimait à se faire raconter les joutes, les tournois et surtout les vraies batailles dans lesquels son père s'était distingué, et il lui jurait de se montrer le digne héritier de son nom.

Il apprit à tirer de l'arc, à manier la lance, l'épée, la hache, à monter à cheval, à lutter, à sauter, et il y

réussit à merveille. Puis son habile professeur lui enseigna la manière d'assiéger un fort, celle de le défendre,
l'art de disposer les troupes, et les divers mouvements
qu'on leur faisait exécuter selon les circonstances. Enfin,
il l'initia aux stratagèmes qu'on pouvait employer pour
tromper l'ennemi sans enfreindre les lois de la guerre.
Bertrand comprenait tout, devinait tout avant qu'on le lui
eût expliqué, et le sire du Guesclin demeura bientôt persuadé que son fils serait aussi habile que brave.

La joie que lui causait cette certitude fut troublée par
la précoce valeur de l'enfant. A peine âgé de quatorze
ans, Bertrand, jaloux de mettre en pratique les leçons
qu'il avait reçues, forma un régiment de deux ou trois
cents petits paysans, leur enseigna ce qu'on lui avait
appris, les dressa au métier de la guerre, leur fit construire des forts, dont il confia la défense aux uns et
l'attaque aux autres, les disciplina et prit sur eux autant
d'autorité qu'un général d'armée en peut avoir sur ses
soldats. Il commandait, punissait et récompensait sans
que jamais une désobéissance ou un murmure se pro-
duisît.

Mais comme de véritables batailles avaient lieu entre
ces soldats divisés en deux camps par son chef, et que
lui-même ne s'épargnait pas, il rentrait souvent au château couvert de son sang et de celui des autres. Ces
passe-temps parurent dangereux à ses parents. Ils témoignaient d'un goût bien prononcé pour la guerre, ils con-
firmaient les espérances qui leur avaient été données,
mais ils pouvaient aussi détruire dans leur fleur les
brillantes destinées promises à cet enfant. La dame du

Guesclin s'effraya donc de voir son fils batailler sans cesse, elle fit partager ses craintes à son mari, et Bertrand reçut l'ordre formel de licencier son armée.

Il se désola de n'avoir plus de soldats à commander. Il promit d'être plus prudent, si l'on voulait bien lui permettre de les réunir de nouveau ; mais il ne put rien obtenir. Toutefois, il se dédommagea de cette privation en forçant ses anciens compagnons d'armes à lutter contre lui, quand, par hasard, il en rencontrait quelqu'un, soit aux champs, soit sur les chemins. Ceux-ci ne se gênaient pas pour rendre à leur général coup pour coup ; mais, comme il était d'une force et d'une vigueur peu communes, presque toujours il sortait vainqueur du combat que lui même avait provoqué. Il prit goût à ce divertissement ; toutefois, quelques-uns de ses adversaires ayant été blessés plus ou moins grièvement, des plaintes furent adressées au sire du Guesclin, qui ne vit rien de mieux à faire, pour dompter ce terrible batailleur, que de l'enfermer dans une des salles du donjon.

Cette captivité, quoiqu'il ne s'y rattachât aucune idée de punition, et qu'elle fût tout simplement une mesure prise pour rassurer sur la vie de son fils la châtelaine de la Motte-Broon, parut très pénible à Bertrand. Il résolut de prendre la clef des champs dès que l'occasion s'en présenterait, ce qui ne tarda guère. Une servante étant entrée dans la chambre où on le retenait, il la saisit par le bras, la poussa vers le fond de la pièce, sortit brusquement et referma la porte sur elle, afin d'avoir le loisir de se sauver avant que l'alarme fût donnée.

Il quitta le château sans avoir été remarqué et s'enfuit
de toute la vitesse de ses jambes à travers la campagne.
Il craignait encore d'être atteint quand il rencontra un
des valets de son père, revenant de la ville avec une
charrette attelée de deux chevaux. Il en prit un, s'élança
dessus, sans selle ni bride, et, mettant l'animal au galop,
il se dirigea vers Rennes, où il avait un oncle dont il se
savait aimé avec une extrême indulgence. Déjà honteux
et presque repentant de cette équipée, il comptait sur
l'intervention de ce bon parent pour obtenir le pardon de
son père et de sa mère.

Quand il arriva à Rennes, son oncle était absent. Sa
tante, femme un peu sévère, lui demanda comment on
l'avait laissé venir seul. Bertrand ne voulait ni mentir ni
avouer la vérité; car ce n'était pas sa tante qu'il avait
espéré rencontrer. Il se troubla, balbutia, et la dame,
qui savait fort bien de quoi il était capable, lui reprocha
vertement sa conduite. Elle ne parlait de rien moins que
de le renvoyer sous escorte à son père, quand le bon
oncle arriva enfin.

Bertrand courut à lui, et, en deux mots, le mit au fait
de l'aventure. Le gentilhomme rit de cette escapade,
embrassa Bertrand, lui promit de faire entendre à son
père qu'il était trop grand pour être mis en pénitence
comme un enfant, et le retint chez lui pendant trois
mois.

Il était sur le point de retourner à la Motte-Broon,
où son oncle devait l'accompagner, quand il apprit qu'un
combat à la lutte devait avoir lieu sur la place principale
de la ville de Rennes, le lendemain, qui était un di-

manche. A cette nouvelle, il ne sut pas dissimuler sa joie. Sa tante, qui l'observait, devina qu'il comptait prendre sa part de la fête, et, pour l'en empêcher, elle le conduisit à l'église, au moment où les jeux commençaient. Il l'y suivit, faisant contre fortune bon cœur; mais bientôt la tentation devint si forte, que, n'y pouvant plus résister, il profita d'un moment où la bonne dame avait les yeux fixés sur son livre d'heures, pour s'esquiver et gagner la place.

Son intention était de regarder les combattants, sans prendre aucune part à la lutte. Il se contenta d'abord d'applaudir les vainqueurs et de les encourager de la voix et du geste; mais bientôt ce rôle ne lui suffit plus. Un grand et robuste garçon, qui avait triomphé de douze des plus forts lutteurs, attendait qu'il se présentât un nouveau champion et promenait sur l'assemblée des regards orgueilleux. A cette muette provocation, Bertrand n'y tint plus; il oublia ses résolutions, ses promesses, et s'avança vers le vainqueur.

Celui-ci, en voyant la grande jeunesse de son adversaire, sourit dédaigneusement et s'approcha de lui d'un air qui voulait dire : « Je te briserais, si je le voulais; mais je me contenterai, mon petit ami, de te donner une leçon. » L'intérêt des spectateurs redoubla quand, après les premiers efforts, l'athlète douze fois salué des bravos de la foule s'aperçut qu'il n'aurait pas si bon marché de ce nouveau concurrent.

La lutte fut longue, et Bertrand, après avoir vaillamment résisté, parvint à terrasser son homme, aux applaudissements frénétiques de toute l'assistance. Il ne les entendu pas : en réunissant toutes ses forces pour triompher de son adversaire, il s'était heurté si violemment le genou contre une pierre, qu'il chancela et perdit presque entièrement connaissance. On courut à lui, on le soutint, et, comme il ne pouvait marcher, on le transporta chez son oncle, après lui avoir remis le prix de la lutte. Ce prix était un chapeau à plumes, qu'il donna généreusement à son adversaire.

Un mois après sa guérison, il retourna à la Motte-Broon, où il reçut le meilleur accueil. Heureux de la tendresse qu'on lui témoignait, il mit tous ses soins à s'en rendre digne, et, à partir de ce moment, il donna à sa famille autant de joie qu'il lui avait causé d'inquiétudes et de chagrins.

La Bretagne ne faisait pas alors partie de la France. Elle formait depuis longtemps, sous l'autorité de ses princes, un État indépendant.

Jean III, qui y régnait, était chéri des Bretons, qui ne l'appelaient que le bon duc. Par malheur, il n'avait pas d'enfants, et sa mort devait livrer la Bretagne à toutes les horreurs de la guerre civile. Le bon duc le prévoyait; aussi était-il décidé à tout faire pour conjurer un tel fléau.

Guy, comte de Penthièvre, son frère puîné, qui aurait dû lui succéder, étant mort avant lui, la couronne de Bretagne revenait de droit à Jeanne de Penthièvre, fille de Guy; mais cette princesse avait un compétiteur redoutable dans son oncle Jean de Montfort, quatrième fils d'Arthur II, père de Jean III.

Jean de Montfort était, si l'on en croit les historiens du

temps, le prince le plus vaillant, le plus généreux, le plus
aimable et le plus beau qu'on pût voir. Le peuple et les
bourgeois l'admiraient et l'aimaient ; aussi le bon duc,
craignant avec raison qu'ils ne le préférassent à Jeanne
de Penthièvre, voulut donner à la légitime héritière du
duché un époux capable de lutter contre la popularité de
Jean de Montfort, et ce fut Charles de Blois, neveu du roi
de France, qu'il choisit.

Les états de Bretagne ayant, non sans peine, approuvé
ce projet, le mariage fut célébré avec une rare magnificence.

La Bretagne tout entière fut en fête, et les tournois ne
furent pas plus oubliés par la noblesse que la lutte, la
course et la soule par les manants. Bertrand n'était plus
d'âge à prendre part à ces derniers jeux. Depuis sa
victoire de Rennes, il s'en était sévèrement privé ; mais il
aspirait avec une ardeur sans égale à se produire enfin
dans la lice contre de braves chevaliers armés de toutes
pièces.

Son père, en lui donnant un cheval, lui avait permis de
l'accompagner dans les tournois, mais sous la condition
expresse qu'il n'y combattrait point. Il voulait qu'avant de
faire assaut de valeur et d'adresse avec les gentilshommes
bretons, Bertrand laissât à ses forces le temps de se
développer. De peur que la fougue de son caractère ne
l'entraînât malgré ses promesses, le sire du Guesclin
avait eu soin de lui donner un cheval et des armes qu'un
fils de noble maison n'eût point osé produire dans une
fête publique.

Bertrand suivait son père avec joie. Le choc des armes,

l'éclat des fanfares, les applaudissements de la foule l'enivraient ; mais bientôt l'impossibilité où il se trouvait de combattre changeant son ravissement en douleur, il s'éloignait tristement de ce spectacle.

Le mariage de Jeanne de Penthièvre et de Charles de Blois ayant été décidé, beaucoup de chevaliers, au nombre desquels était le sire du Guesclin, firent annoncer par toute la Bretagne un tournoi, qui devait avoir lieu à Rennes. Ils envoyèrent même leur cartel en France et en Angleterre, afin que les vaillants guerriers de ces deux nations pussent venir se mesurer avec eux.

Robert du Guesclin se rendit à Rennes au jour fixé. Bertrand, monté sur son roussin, se mêla humblement à la foule accourue de plus de dix lieues à la ronde ; car il n'était bruit depuis quelque temps que de la pompe qui serait déployée dans ce tournoi. Les chevaliers anglais et français avaient répondu à l'appel des gentilshommes bretons, et, en attendant qu'ils pussent leur disputer le prix de la valeur, ils luttaient contre eux de magnificence.

Montés sur des chevaux superbes et richement harnachés, couverts eux-mêmes d'armures étincelantes, sur lesquelles flottaient des lambrequins tissés d'or, d'argent et de soie, semés de pierreries, les combattants attendaient le signal. Le cœur de Bertrand se gonfla : il eût été si heureux de se mêler à ces brillants guerriers. Les trompettes sonnèrent, la lice fut ouverte, les champions s'élancèrent et le jeune homme devint attentif. Les yeux brillants d'enthousiasme, il suivait en connaisseur tous les mouvements des combattants, et, sans s'en apercevoir, il applaudissait bruyamment chaque fois que l'un d'eux portait ou parait quelque beau coup.

Il attira l'attention de ses voisins; ceux-ci le montrèrent aux autres, et de toute cette foule avide d'amusement, ce fut à qui lancerait le meilleur mot sur la monture, l'accoutrement, la tournure de ce garçon, qui n'était rien moins que beau. Les quolibets tombaient comme grêle autour de lui. Peu s'en fallut qu'il n'y répondît à coups de poing; mais en jetant un regard sur son cheval et sur ses vêtements, il sentit sa colère se fondre et des larmes lui monter aux yeux.

Pendant que Bertrand faisait de tristes réflexions, il vit sortir de la lice un gentilhomme de ses parents, qui, après avoir vaillamment fourni les courses d'ordonnance, se retirait dans sa maison. Il s'élança sur ses pas, le suivit jusque chez lui, et là, se jetant à ses pieds, il le conjura de lui prêter, pour une heure seulement, son cheval et ses armes.

Le chevalier sourit à cette prière, arma lui-même Bertrand, ordonna qu'on lui équipât un cheval frais, l'embrassa et lui souhaita bonne chance, après lui avoir dit, toutefois, de ne pas oublier que jamais combattant n'avait vu le dos de la cuirasse qu'il lui prêtait. D'un coup d'œil, Bertrand le rassura; puis, s'élançant sur son noble coursier, il traversa fièrement la foule à laquelle il venait de servir de jouet.

Il entra aussitôt dans la lice. Un chevalier répondit à son défi, et ils coururent l'un sur l'autre à bride abattue. Du premier coup, Bertrand enleva la visière de cet adversaire, et heurta si violemment son cheval, qu'il tomba avec son cavalier. Celui-ci, revenu de l'étourdissement causé par sa chute, demanda sa revanche, et ne fut pas plus heureux.

Quinze autres seigneurs essayèrent l'un après l'autre de triompher de ce vaillant inconnu, mais quinze fois il demeura vainqueur. Le sire du Guesclin s'avança alors pour venger la défaite de ses compagnons. Bertrand, le reconnaissant à son écusson, s'arrêta court, s'inclina devant lui et baissa sa lance jusqu'à terre. Cette action surprit tout le monde, et Robert du Guesclin se retira sans s'expliquer comment un si redoutable combattant pouvait craindre de se mesurer avec lui.

Cet incident rendit plus vif encore le désir que chacun éprouvait de connaître ce fameux jouteur. Un chevalier normand promit de lui découvrir le visage. Il demanda la course, Bertrand l'accepta. L'étranger tint parole : d'un coup de lance, il enleva la visière du jeune homme; mais celui-ci, s'approchant de lui, le saisit à bras le corps et le renversa dans la lice. Un tonnerre d'applaudissements retentit de toutes parts ; Bertrand fut proclamé vainqueur, et le prix du tournoi lui fut adjugé tout d'une voix.

Le sire du Guesclin, en reconnaissant son fils dans le rude champion dont il avait admiré les prouesses, courut à lui, l'embrassa, le présenta à la noblesse bretonne, le félicita de la gloire qu'il venait d'acquérir, et lui promit de lui donner des chevaux, des armes, de l'argent ; en un mot, tout ce qui serait nécessaire pour soutenir l'honneur d'un si brillant début.

Bertrand avait conquis sa place parmi les plus braves gentilshommes, et il ne devait pas tarder à montrer dans une véritable guerre sa hardiesse et sa valeur.

Jean III étant mort en 1341, son frère Jean de Montfort réunit autour de lui ses plus dévoués partisans, mit la ville de Nantes dans ses intérêts, courut à Limoges, s'empara des trésors que le bon duc y avait déposés, et invita les seigneurs bretons à venir lui rendre hommage, comme c'était la coutume, lors de l'avénement d'un nouveau duc.

Il se préparait à leur faire le plus gracieux accueil, ainsi que la comtesse Jeanne, sa femme; mais un seul gentilhomme se présenta, les autres se croyant liés par le serment qu'ils avaient fait à Jeanne de Penthièvre et à Charles de Blois. La noblesse leur manquant, ils firent fête aux bourgeois de Nantes et des environs; puis, comme ils avaient de l'argent, ils assemblèrent une nombreuse armée, à la tête de laquelle Jean prit, tant par la ruse que par la force, un certain nombre de places.

Enhardi par ce succès, mais sachant que Philippe de Valois soutiendrait Charles de Blois, son neveu, lequel avait d'ailleurs à faire valoir des droits moins contestables que les siens, il implora contre le roi de France l'aide du roi d'Angleterre, Édouard III.

Une haine profonde divisait depuis longtemps ces deux nations, les plus puissantes de l'Europe; en outre, Édouard III conservait un vif ressentiment contre Philippe de Valois, qui avait été élevé au trône de France en vertu de la loi salique, tandis que lui-même, petit-fils de Philippe le Bel par sa mère, en avait été exclu. Il saisit

[illegible]
[illegible]
et proposer les candidats Jean de Montfort.

Quand Charles de Blois se vit prêt à pouvoir atta-
quer la Bretagne, il plut à plaisir au roi de France, et Philippe de
Valois cita Jean de Montfort à comparaître devant la cour
des pairs, comme maintenant du duché de Bretagne,
dont on l'accusait de vouloir faire hommage au roi
d'Angleterre.

Montfort se rendit à Paris, et s'engagea à y attendre la
décision de ce puissant tribunal; mais bientôt il se repentit de sa promesse, et, se déguisant en marchand, il
regagna la Bretagne.

Le roi, après avoir entendu l'avis des grands seigneurs,
déclara Jeanne de Penthièvre duchesse de Bretagne,
l'autorisa à déposséder Jean de Montfort, et lui donna
dix mille hommes, avec lesquels Charles de Blois vint
assiéger Nantes, où Jean s'était enfermé.

Celui-ci se défendit bien; mais les bourgeois le forcèrent
à traiter avec le duc de Normandie, fils du roi de France,
qui le renvoya à Paris, où il demeura prisonnier.

Jeanne de Flandre, comtesse de Montfort, était à
Rennes quand elle apprit la captivité de son mari. Loin
de se laisser abattre par ce coup terrible, elle résolut de
tout faire pour conserver à son fils, encore au berceau, le
duché de Bretagne. Elle montra tant de dévouement et
tant de courage, qu'elle rattacha tous les cœurs à la
cause de cet enfant.

Tous, nobles et bourgeois, jurèrent de verser leur sang
pour cette noble femme et pour son enfant, si bien que
quand, après l'hiver, Charles de Blois se remit en cam-

pagne, il trouva disposées à se bien défendre les villes qui étaient à Montfort avant sa captivité.

A son approche, Jeanne quitta Rennes et alla s'enfermer dans Hennebon, près de Vannes. Rennes se défendit bien d'abord; mais, fatiguée d'une pénible résistance, elle ouvrit ses portes. Charles se rendit à Hennebon, où Jeanne attendait les secours promis par le roi d'Angleterre. La vaillante princesse ne s'effraya point de l'arrivée des ennemis. Armée de pied en cap et montée sur un cheval de bataille, elle parcourut la ville et sut si bien communiquer son enthousiasme aux autres, que les jeunes filles, les femmes, les enfants, jaloux de contribuer à la défense de la place, montèrent sur les murailles des pierres, de la chaux vive, et toutes sortes d'objets propres à jeter la mort ou le désordre dans les rangs ennemis.

L'armée de Charles de Blois fut si vigoureusement reçue, que les seigneurs français furent obligés, disent les chroniqueurs, d'employer les coups de bâton pour faire retourner leurs soudoyés à l'attaque des remparts.

Quelque temps après, Jeanne, voyant que les assiégeants avaient laissé leur camp sous la garde des valets, prit avec elle trois cents hommes, sortit de la ville, gagna les tentes des assiégeants et y mit le feu. L'armée françaises aperçut les flammes, abandonna l'assaut qu'elle se disposait à donner et courut vers son camp. Jeanne, ne pouvant regagner Hennebon sans exposer à une mort certaine les braves gens qui l'accompagnaient, se dirigea sans perdre un instant vers Auray, et s'y jeta avec sa petite troupe.

Il serait difficile de peindre l'inquiétude des habitants d'Hennebon quand, la nuit venue, ils ne virent pas rentrer la princesse. Le lendemain et les jours suivants, cette inquiétude fit place à la consternation. Avec Jeanne ils avaient perdu tout leur courage, et ils parlaient de se rendre quand elle reparut enfin, amenant un renfort de cinq cents hommes, à la tête desquels elle avait passé, au point du jour, tout près du camp français.

L'armée de Charles de Blois, honteuse de se voir tenir si longtemps en échec par une femme, fit venir de Rennes de formidables machines de guerre, à l'aide desquelles on commença à battre les murailles d'Hennebon. Les habitants, reconnaissant que la ruine de leur ville était inévitable, commencèrent à se demander quel serait leur sort quand l'ennemi, irrité d'une si longue résistance, y entrerait triomphant.

L'évêque Guy de Léon, qui avait un neveu parmi les partisans de Charles, obtint la promesse qu'aucun mal ne serait fait à ces bonnes gens, s'ils se rendaient. Il le leur dit, et ceux-ci se disposaient à ouvrir leurs portes quand Jeanne, avertie de ce qui se passait, se rendit au milieu d'eux. Elle les pria tant, qu'ils consentirent à lui accorder un délai de trois jours, après lesquels il fut convenu que la place capitulerait, si les secours attendus d'Angleterre n'arrivaient point.

Le troisième jour touchant à sa fin sans que Jeanne, l'œil sans cesse fixé sur la mer, eût découvert la moindre voile à l'horizon, les bourgeois vinrent l'avertir que l'heure de la capitulation était sonnée. La comtesse les implora de nouveau et s'efforça, par des prières et par des larmes, d'obtenir un second délai ; mais tout fut inutile. Voyant qu'elle n'avait plus qu'à se soumettre à son sort, elle s'approcha de la fenêtre pour adresser un dernier adieu à l'Océan, qui avait si cruellement trompé son espérance. Soudain elle jeta un cri de joie : une flotte nombreuse, que les vents contraires avaient retenue pendant deux mois dans la Manche, s'avançait vers la plage.

Ce secours ranima l'ardeur des assiégés. Ils repoussèrent vaillamment un dernier assaut, et le lendemain ils firent, avec l'aide des Anglais, une sortie dans laquelle les Français furent repoussés. La nuit suivante, un corps d'armée anglais, voulant entrer dans la place, s'avança à la faveur des ténèbres, qui étaient très-épaisses, surprit l'avant-garde et la rejeta en désordre vers le camp, où elle donna l'alarme.

Bertrand du Guesclin, qui se trouvait précisément du côté menacé, fut aussitôt armé. A la tête d'une vingtaine de gentilshommes bretons, il fondit sur les Anglais avec une telle impétuosité, qu'il les repoussa jusque dans leur propre camp, avant même que le reste de l'armée de Charles fût revenu de sa surprise.

La ville d'Auray fut assiégée par Charles de Blois, et ses habitants, mourant de faim, périrent presque tous en s'efforçant de traverser les lignes françaises.

Les soldats de Charles prirent plusieurs villes, et massacrèrent sans pitié ceux qui les avaient inutilement défendues. Les gens de Montfort rendirent cruautés pour cruautés, et la pauvre Bretagne devint le théâtre d'une

longue et terrible guerre, à laquelle prirent part les rois
de France et d'Angleterre.

Un traité conclu entre les deux rivaux délivra ce pays
des Français et des Anglais; mais ce ne fut pas pour longtemps. Philippe de Valois ayant refusé de rendre la liberté
à Jean de Montfort et fait mettre à mort plusieurs seigneurs bretons, Édouard déclara la trève rompue.

Charles de Blois mit le siége devant Quimper et s'en
empara. Plus de douze cents personnes furent massacrées
dans cette ville, malgré les efforts d'Alain du Tenou, au-
mônier du prince, qui n'épargnait ni menaces, ni prières
ni larmes, pour apaiser la colère des vainqueurs. Ne pouvant plus supporter cet horrible spectacle, Alain du
Tenou courut vers Charles, et, le suppliant de le suivre,
il lui montra un petit enfant qui pleurait sur le sein de
sa mère égorgée.

Charles pria Dieu de ne point faire retomber sur sa
tête tant de sang innocemment versé, et, sans perdre de
temps, il donna les ordres les plus sévères pour que le
carnage cessât.

Ne sachant que faire de ses prisonniers, il les envoya
à Paris, sans se douter du sort que leur réservait Philippe de Valois. Ces malheureux furent mis à mort, la
fureur ayant éteint tout sentiment d'humanité dans le
cœur du roi. Cette cruauté détacha du parti de Charles
un certain nombre de seigneurs. Jean de Montfort, en
ayant été informé, se crut autorisé à quitter sa prison.
Il s'enfuit à la faveur d'un déguisement et passa en
Angleterre. Il fit hommage du duché de Bretagne à
Édouard III ; puis il alla retrouver à Hennebon la com-

tesse Jeanne, qui avait si courageusement combattu pendant sa captivité.

Son retour combla de joie ses partisans ; mais quelques mois après son arrivée en Bretagne, il mourut, laissant à Edouard III la tutelle de son fils Jean, qui était élevé en Angleterre avec le jeune Olivier de Clisson, fils de celui que Philippe VI avait fait exécuter.

Jeanne de Belleville, veuve de Clisson et mère de cet enfant, qui devait être un jour connétable de France, imitant Jeanne de Montfort, avait quitté les habits de son sexe pour l'armure d'un guerrier, et, suivie de quatre cents soldats, elle avait été rejoindre à Hennebon la comtesse de Montfort.

D'après le conseil de Geoffroy d'Harcourt, qui avait trouvé un asile en Angleterre, Edouard résolut de porter la guerre en Guienne, puis en Normandie. Le succès prouva que ce seigneur avait été bien inspiré par sa haine contre Philippe VI ; mais l'histoire lui reprochera toujours d'avoir attiré sur son propre pays une foule de malheurs.

Edouard, ravageant tout sur son passage, arriva, en remontant la Seine, jusqu'à peu de distance de Paris. Philippe ayant rassemblé son armée, les Anglais se replièrent vers la Flandre, toujours suivis par les Français. Philippe espérait atteindre et battre l'ennemi sur les bords de la Somme, dont tous les ponts avaient été coupés ; mais un traître acheva l'œuvre commencée par d'Harcourt, en indiquant à Edouard un gué par lequel ses troupes passèrent aussitôt.

Elles se fortifièrent sur une hauteur voisine de Crécy.

Emportés par leur ardeur, les Français ne les eurent pas plus tôt aperçues, qu'ils coururent les attaquer, malgré l'ordre exprès de Philippe. Les premiers assaillants furent repoussés ; ceux qui les remplacèrent eurent le même sort, et bientôt le désordre se mit dans l'armée française. Le roi, qui arrivait alors, rallia tout son monde ; mais les Anglais, exaltés par les succès qu'ils avaient d'abord obtenus, firent si bien, que Philippe, abandonné du gros de ses troupes et n'ayant plus autour de lui qu'un petit nombre de braves seigneurs, fut emmené du champ de bataille, où il voulait mourir.

Il y laissait trente mille hommes.

Edouard se porta alors devant Calais, dont il s'empara après onze mois de siége. Tout le monde connaît le sublime dévouement d'Eustache de Saint-Pierre et de ses cinq compagnons, s'offrant à la vengeance du roi d'Angleterre, et la grandeur d'âme de Philippine de Hainaut, femme d'Edouard, qui sut les arracher à l'échafaud.

Les troupes anglaises restées en Bretagne continuaient à combattre pour Jeanne de Montfort, régente du duché, pendant la minorité de son fils. Les deux armées, tantôt triomphantes, tantôt vaincues, portaient tour à tour le ravage et la désolation dans la province, qu'une horrible famine vint encore dévaster. Jamais on n'avait vu fureur semblable à celle dont les deux partis étaient animés l'un contre l'autre. Les Anglais ayant enlevé à Charles de Blois la ville de la Roche-Derrien, dont il s'était emparé, il courut l'assiéger de nouveau. On se battit jour et nuit sous les murs de cette place, jusqu'à ce que Charles, criblé de blessures et luttant depuis deux heures, malgré la perte de son sang, remit à un seigneur breton l'épée qu'il ne pouvait plus soutenir.

Porté mourant à la Roche-Derrien, Charles y reçut la visite de Thomas d'Agworth, chef des troupes anglaises, contre lesquelles il s'était battu. Thomas exigea que le prisonnier se rendît à lui. Charles de Blois ayant répondu qu'il aimait mieux mourir que de se soumettre à un Anglais, le vainqueur, exaspéré, ordonna d'enlever le matelas sur lequel on avait déposé le prince et le fit jeter sur la paille. Cette lâche cruauté n'arracha au blessé ni une plainte ni un murmure, et il jura que, s'il revenait à la vie, jamais il n'aurait de lit meilleur que celui qu'on venait de lui donner.

Jeanne de Montfort, toujours grande et généreuse, permit à Jeanne de Penthièvre de se rendre à Vannes, pour soigner son mari qu'on y avait transporté. Dès qu'il fut rétabli, on le conduisit en Angleterre ; mais peu de temps après, il obtint sa liberté, sous la promesse d'envoyer sa rançon dès qu'il aurait pu la compléter, et de ne point combattre contre les Anglais qu'il ne l'eût entièrement payée. Ses deux fils devaient jusque-là rester en otage entre les mains d'Edouard. Plusieurs seigneurs bretons, parmi lesquels on cite Bertrand du Guesclin, furent chargés de conduire les deux jeunes princes à Londres.

Le roi d'Angleterre fêta ces ambassadeurs et leur donna même le divertissement d'un tournoi. Un des courtisans qu'il affectionnait le plus ayant trouvé la mort dans ces joutes, Edouard en garda rancune aux chevaliers bretons. Il voulut les forcer à signer une trêve ;

comme ceux-ci, n'ayant pas mission de traiter, s'y refusaient, il leur demanda d'un ton altier si ses propositions
ne leur semblaient pas justes, et comment ils comptaient agir si, malgré eux, la trêve qu'il désirait venait à
être conclue.

— Sire, répondit Bertrand, nous garderons la trêve
comme vous la garderez vous-même ; si vous la rompez,
nous la romprons.

— Oseriez-vous, répliqua Edouard avec colère, m'accuser d'avoir manqué à ma parole royale, en rompant le
traité de Malestroit ? Ce serait une injustice et une inso-
lence, dont je saurais me venger.

Yves Cherruel, qui était du nombre des ambassadeurs,
représenta au roi la grande jeunesse de du Guesclin, qui
n'avait, en lui répondant, consulté que sa vaillance et
n'avait prétendu faire aucune allusion au passé.

— Je reconnais bien là l'intrépidité bretonne, dit le
roi en souriant à du Guesclin. Ce jeune homme a répondu
avec autant de bon sens que de hardiesse.

A peine de retour en Bretagne, Bertrand, ayant appris
que deux chevaliers du parti de Montfort tenaient la
campagne et commettaient toutes sortes de dégâts, appela
à l'aide plusieurs gentilshommes de sa connaissance,
marcha contre ces deux capitaines, les vainquit et les fit
prisonniers. Mais lui-même fut pris quelques mois après
et ne recouvra sa liberté que moyennant rançon. Il
haïssait tellement les Anglais, qu'il ne laissait échapper
aucune occasion de les harceler et qu'il oubliait la fatigue
et les blessures, dès qu'il s'agissait de se mesurer avec
eux.

Philippe de Valois mourut en 1350, après avoir signé une nouvelle trêve avec les Anglais. Jean II, surnommé le Bon, lui succéda.

Les deux prétendants au duché de Bretagne continuaient de se battre, et telle était la misère de ce pays, que les guerriers eux-mêmes en furent touchés. Ils convinrent d'épargner à l'avenir les laboureurs et tous les gens vivant de leur industrie ou de leur travail.

Thomas d'Agworth s'y engagea pour les Anglais ; mais Bembroug, qui lui succéda, se souciant peu de faire observer cette convention, Robert de Beaumanoir, alors maréchal de Bretagne, alla le trouver pour le prier de mettre fin à ces inutiles cruautés.

— Chevalier d'Angleterre, lui dit-il, vous faites grand péché de travailler les pauvres, ceux qui sèment le blé et qui vous fournissent de la chair et du vin. S'il n'y avait plus de laboureurs, il nous faudrait quitter l'épée pour la houe et le fléau, et ce serait grand'peine ; car nous n'y avons pas été habitués. Rappelez-vous donc, Bembroug, le traité de d'Agworth, et laissez en paix ces pauvres gens, qui n'en ont déjà que trop enduré.

— Avant peu, Beaumanoir, répondit Bembroug, les Anglais seront maîtres de tout le duché de Bretagne, qu'ils laisseront à Jean de Montfort, et notre sire Edouard se fera couronner roi de toute la France.

— Faites un autre songe, dit fièrement Beaumanoir ; ceci est mal songé. Et si vous voulez savoir qui est le plus fort et le plus brave des Anglais ou des Français, prenez cent, ou soixante, ou trente compagnons ; j'en prendrai autant, et, à jour convenu, nous nous battrons.

Le défi fut accepté, le nombre des combattants fixé à
trente hommes de chaque côté, et pour rendez-vous
on choisit le chêne de la Mi-Voie, entre Ploermel et
Josselin.

Le combat des Trente fut un véritable combat de
géants de part et d'autre, des prodiges d'audace, de force
et de valeur furent accomplis; mais la plupart des
Anglais restèrent sur le champ de bataille, tandis que
Beaumanoir ne perdit que quatre des siens. La victoire
fut célébrée par tous les ménestrels du temps et remplit
de joie le cœur de tous les bons Français.

La trêve conclue entre Philippe de Valois et Edouard III
n'avait pas éteint la haine réciproque des Anglais et des
Français; aussi la rupture ne s'en fit pas attendre.

Le prince de Galles, fils aîné d'Edouard, était en
Guienne, province qui appartenait alors à son père. Il en
sortit avec dix mille hommes et s'avança jusqu'à Poitiers.
Il apprit alors que le roi Jean venait à sa rencontre avec
des forces considérables, et voulut retourner sur ses pas.
Il n'était plus temps; l'armée française lui coupait la
retraite.

A la vue de cette armée, aussi nombreuse que brillante,
le prince de Galles, quoique doué d'une rare vaillance,
envoya au roi un parlementaire chargé de lui dire que,
s'il voulait livrer passage aux Anglais, le Prince Noir —
on appelait ainsi le prince de Galles, parce qu'il portait
une armure de fer bronzé — renoncerait à ses con-
quêtes et ne porterait de sept ans les armes contre la
France.

Jean se croyait si sûr d'écraser cette poignée d'enne-

mis, qu'il ne voulut rien entendre. Rien, en effet, ne lui
eût été plus facile que de venir à bout des Anglais. Ils
avaient à peine des vivres pour vingt-quatre heures, et
l'armée française cernait entièrement la colline sur
laquelle ils s'étaient retranchés. Mais le roi était plus
brave que prudent. Il courut attaquer son adversaire ; le
désespoir doublant le courage des Anglais, ils se défendirent de telle sorte, que leurs ennemis furent bientôt
mis en déroute. Jean se battit en héros ; mais resté
presque seul, il fut fait prisonnier.

Le prince de Galles le traita avec les plus grands honneurs ; mais Edouard se montra moins généreux. Il retint
le roi de France prisonnier jusqu'en 1359. Après une
nouvelle expédition, il signa le traité de Brétigny, par
lequel le Poitou, la Saintonge, le Limousin et Calais
devaient appartenir aux Anglais. Jean devait, en outre,
payer une rançon de trois millions d'écus d'or et laisser
ses deux fils en otage jusqu'au paiement de cette dette.
Il était à peine de retour en France, qu'un des deux
otages s'étant évadé, il reprit le chemin de sa prison, où
il mourut quelques mois après.

Nous n'avons rapporté tous ces événements pendant
lesquels Bertrand du Guesclin guerroyait en Bretagne
que pour rappeler à nos jeunes lecteurs quel était le
pouvoir des Anglais sur le continent, quand celui qui
devait être leur fléau commença de se faire connaître
par de brillants exploits.

II.

Après la bataille de Poitiers, le duc de Lancastre,
qui commandait les Anglais en Normandie, passa en
Bretagne pour renforcer le parti du jeune comte de
Montfort, qui venait d'épouser la troisième fille
d'Edouard. Jeanne le reçut avec une grande joie et le
pressa de profiter des troubles çausés par la captivité du
roi de France pour tenter un coup décisif contre Charles
de Blois. Le duc résolut d'aller assiéger Rennes et partit
aussitôt.

Les seigneurs bretons du parti de Charles, devinant
son projet, se jetèrent dans la place ; mais du Guesclin,
qui était alors assez loin de Rennes, n'arriva en vue des

murs de cette ville que quand il n'était plus possible d'y
pénétrer. Au lieu de se désoler de ce contre-temps, il
s'en réjouit dès qu'il eut reconnu l'avantage qu'il en
pourrait tirer. Il avait avec lui de hardis compagnons,
pleins de confiance en sa valeur. Il prit avec eux la campagne, harcelant sans cesse les Anglais, enlevant leurs
convois, brûlant leurs tentes, détroussant leurs vivan-
diers, arrêtant leurs fourrageurs; en un mot, leur cau-
sant chaque jour de grands dommages, sans qu'ils trou-
vassent l'occasion de prendre leur revanche.

Le baron de la Poolle, qui s'était mis à la recherche
de cet incommode voisin, fut fait prisonnier par Bertrand, à la grande joie de ses soldats, qui dirent que
l'aigle bretonne allait plumer la poule anglaise. Du Guesclin ne se montra pas disposé toutefois à dépouiller son
prisonnier; car il lui offrit la liberté sans rançon, pourvu
que le duc de Lancastre permît à lui, Bertrand, et aux
siens, d'entrer dans la place.

— Je m'en garderai bien, répondit Lancastre; du
Guesclin vaut à lui seul cinq cents archers.

L'hiver étant devenu très-rigoureux, Bertrand, qui
n'avait pour lui et ses gens d'autre abri que les forêts,
résolut de s'emparer du château de Fougeray, qui était
au pouvoir des Anglais. Ce château était bien fortifié,
pourvu d'armes, de machines, de vivres et de munitions. C'était précisément ce qu'il fallait à du Guesclin.
Mais il avait une bonne garnison, commandée par Bem-
brong, qui était un habile homme de guerre. Essayer de
le prendre de force eût été inutile; Bertrand eut donc
recours à la ruse. Il prit quelques-uns des plus détermi-

nés d'entre les siens, leur fit mettre par-dessus leur armure un habit de paysan, se travestit comme eux, les chargea de bûches et de bourrées, prit lui-même un énorme fagot, et, marchant le premier, il se présenta devant le château. Les Anglais avaient besoin de bois. Le gardien, sans défiance, ouvrit la porte aux bûcherons. Ceux-ci jetèrent bas leur fardeau si maladroitement, ou plutôt si adroitement, qu'il fut impossible de relever aussitôt le pont-levis.

Des soldats accoururent pour le débarrasser; mais Bertrand, saisissant sa hache, fondit sur eux, en criant: « Notre-Dame Guesclin!... » A ce cri, toute sa troupe, qu'il avait laissée à peu de distance, se précipita dans le château, où elle se trouva bientôt face à face avec deux cents Anglais. Bertrand fit lever le pont-levis, de peur que Robert Bembroug, qui était sorti avec une partie de son monde, ne revînt, et le combat s'engagea. Du Guesclin courut grand risque de la vie; car tous les efforts des Anglais se tournèrent contre lui. Blessé à la tête, il continua de porter des coups terribles, et ses gens, animés par son exemple, besognèrent de telle sorte, qu'ils demeurèrent maîtres de la forteresse.

Bertrand, s'étant fait panser, prit cinquante cavaliers, et alla s'embusquer sur le chemin de Bembroug. Il l'attaqua avec tant d'impétuosité, que tous les Anglais qui l'accompagnaient furent tués ou mis à rançon, et que lui-même périt dans cette affaire.

Le siége de Rennes durait depuis longtemps, et les provisions qu'on y avait amassées commençaient à s'épuiser; mais le duc de Lancastre avait juré de ne pas s'éloigner avant d'avoir planté lui-même ses enseignes sur une des portes de la ville. Ce serment, répété aux habitants de Rennes, les avait jetés dans la consternation. L'avis des gentilshommes était de tenter une sortie générale; celui des bourgeois, d'obtenir une capitulation aussi honorable qu'il serait possible. Peut-être cette dernière résolution allait-elle l'emporter, quand un bourgeois, plus courageux et plus dévoué que les autres, offrit de sortir de la ville, de se rendre au camp des Anglais, de les mettre en émoi par de fausses nouvelles, et de courir ensuite auprès de Charles de Blois pour lui demander des secours.

Son plan ayant obtenu l'assentiment de tous, on sonna les cloches, d'après son conseil, en signe de réjouissance, et, le lendemain, on fit une sortie, dans laquelle le brave Breton se laissa prendre par les Anglais. Il demanda à parler au duc de Lancastre. Admis en sa présence, il articula contre ses concitoyens des griefs imaginaires, et lui dit qu'il avait mieux aimé se laisser emmener prisonnier que de rentrer dans une ville dont il avait tant à se plaindre. Le duc l'interrogea alors sur ce qui s'y passait. Après avoir hésité quelques instants, le bourgeois répondit qu'on attendait d'un jour à l'autre un renfort de quatre mille hommes, et qu'à cette nouvelle les Rennais avaient sonné toutes les cloches; il lui indiqua le chemin que devait suivre ce corps d'armée et lui inspira adroitement la résolution d'aller à sa rencontre. Le soir même, Lancastre partit avec l'élite de ses troupes, et, pour comble de bonheur, le faux transfuge parvint à s'évader du camp.

Il tomba au milieu des gens de du Guesclin, qui, le prenant pour un espion, voulaient le mettre à mort; mais Bertrand, ayant reconnu cet homme pour l'avoir vu à Rennes quelques années auparavant, l'écouta avec confiance.

— Marchons, dit-il, après l'avoir entendu, nous entrerons aujourd'hui dans la ville.

Il partit aussitôt, arriva au point du jour près du camp anglais, l'attaqua, y mit le feu, et, y laissant un grand carnage, y reprit sa course vers la place. Chemin faisant, il rencontra deux cents chariots de farine et de viande, que des paysans conduisaient au duc de Lancastre; il ordonna à ces gens de le suivre, et fit entrer dans la ville les provisions destinées aux ennemis.

On peut juger de la joie qu'éprouvèrent, à cette vue, les habitants affamés. Bertrand paya richement des paysans; il leur dit que, pour cette fois, il leur pardonnait, mais que si, malgré sa défense, ils fournissaient à l'avenir des vivres aux Anglais, il saurait les en punir. Il les renvoya en leur ordonnant d'aller, de sa part, saluer le duc de Lancastre.

Les charretiers s'acquittèrent de la commission et donnèrent des détails sur tout ce qui leur était arrivé. Le duc ne pouvait croire que du Guesclin eût accompli ce fait d'armes avec soixante hommes seulement. Il se repentit de lui avoir refusé la permission d'entrer dans la ville, permission que Bertrand avait achetée au prix du sang des Anglais. Le bon chevalier envoyait à son ennemi cent bouteilles d'excellent vin, que les paysans lui remirent en disant :

— Sire duc, Bertrand se recommande à vous et jure par Dieu qu'il vous verra le plus tôt qu'il pourra. Il a assez à vivre, lui et ses gens; et quand il vous plaira des vins de la cité, il vous en enverra, et du boschet aussi pour vous adoucir le cœur.

Dès que du Guesclin eut congédié les conducteurs du convoi, il fit le tour de la place pour en examiner les fortifications, en compagnie des seigneurs bretons, ravis du secours qu'ils devaient à sa hardiesse.

Tout en faisant sa ronde, il aperçut, du haut des remparts, plus de deux mille porcs qui paissaient tout près du fossé, dans une prairie appelée le Pré-Raoul. Ce troupeau, qui appartenait aux Anglais, avait plus d'une fois excité l'envie des bonnes gens de Rennes, surtout depuis que la faim les pressait. Bertrand imagina aussitôt un moyen de le faire entrer dans la ville.

Il fit amener à l'entrée de la porte qui faisait face au Pré-Raoul une truie dont il ordonna à deux gardiens de tenailler les oreilles, de manière à la faire crier. Le pauvre animal, ainsi tourmenté, n'y manqua pas. Dès que les pourceaux l'entendirent, ils se jetèrent à la nage et traversèrent le fossé. Il en était déjà entré plus de douze cents dans la place quand les Anglais s'aperçurent de ce qui se passait. Ils accoururent pour sauver le reste; mais les soldats chargés par du Guesclin de protéger l'entreprise, les repoussèrent avec perte.

Les bourgeois de Rennes, enchantés du succès de ce stratagème, dont personne ne se serait avisé, montèrent sur les murailles et se moquèrent des Anglais, en les appelant beaux gardeurs de cochons et en imitant le cri de ces animaux.

Avant de se diriger vers la ville assiégée, Bertrand avait envoyé un de ses gens à Charles de Blois, pour lui rendre compte de l'état de la place; et les vivres qu'il avait réussi à y faire entrer permettant d'attendre des renforts, il ne fut plus question de se rendre. L'espoir était rentré dans tous les cœurs. Le peuple et les bourgeois avaient confiance en ce jeune homme, qui avait su leur procurer des ressources, et les chevaliers le regardaient, depuis la prise de Fougeray, comme un capitaine aussi habile que vaillant.

Le duc de Lancastre, désirant voir Bertrand, envoya à Rennes un héraut pour l'inviter à venir dîner au camp anglais, avec trois officiers bretons. Le héraut ayant demandé à voir du Guesclin, on le lui montra, marchant au milieu d'un groupe de gentilshommes.

— Comment! s'écria l'envoyé, cet homme qui vient à nous, vêtu d'un jupon noir et la hache pendue au cou, est celui dont on raconte de si grandes choses? Non, non, vous me trompez; celui-ci a plutôt l'air d'un voleur de grand chemin que d'un capitaine.

— Tais-toi, répliqua le comte de Penhoët, auquel le héraut s'était adressé. Je te dis que c'est là Bertrand du Guesclin, et que, s'il t'entendait, il t'abattrait la tête de sa hache.

On voit que Bertrand se souciait peu de son accoutrement, et nous avons déjà dit que sa figure et sa tournure n'avaient rien de bien séduisant.

Le héraut profita de l'avis de Penhoël; il s'approcha respectueusement de du Guesclin, fléchit les genoux, et lui dit :

— Sire, le duc de Lancastre, mon maître, m'envoie vous prier de le venir voir en son camp et vous présenter un sauf-conduit pour vous et pour trois gentilshommes à votre choix.

Bertrand se fit lire le sauf-conduit; car il était plus habile à manier l'épée qu'à déchiffrer l'écriture. Il répondit qu'il aurait l'honneur de se rendre à l'invitation du duc, et fit remettre au héraut 100 florins d'or, avec un jupon de velours tout neuf. Ce présent modifia sans doute l'impression désagréable que la vue de Bertrand avait produite sur l'envoyé du prince.

Du Guesclin, sortant de la ville, rencontra quatre gentilshommes anglais, qui le conduisirent, lui et ses trois compagnons, à la tente du duc de Lancastre. Il mit un genou en terre devant lui, suivant l'usage du temps; mais le duc le releva aussitôt, lui souhaita la bienvenue, et l'assura de son estime. On parla de la guerre, et le prince dit :

— Avant que Charles de Blois soit reconnu duc de Bretagne, il en coûtera la vie à cent mille hommes.

— Eh bien! Monseigneur, répondit gaîment du Guesclin, s'il en coûte la vie à cent mille hommes, ce sera autant de robes pour les survivants.

Le duc rit de la plaisanterie, et, embrassant le capitaine, il lui dit :

— Soyez des nôtres, brave Bertrand. Je vous don-

nerai tant de biens et d'honneurs, que vous serez con-
tent.

— Vous oubliez, Monseigneur, que je ne m'appartiens
plus, répondit du Guesclin, dont un éclair d'indignation
illumina les yeux. Je serais indigne de vos offres, si je
les acceptais; mais, grâce à Dieu, je ne sais point
trahir, et je verserai, s'il le faut, jusqu'à la dernière
goutte de mon sang au service de mon seigneur Charles
de Blois.

Lancastre vit bien qu'il était inutile d'insister, et les
choses en restèrent là. Quelques instants après, Guillaume Bembroug, frère de celui à qui Bertrand avait
enlevé le château de Fougeray, et fils de Richard Bembroug, dont nous avons parlé lors du combat des Trente,
s'approcha et proposa à du Guesclin de briser avec lui
trois fers de glaive, trois fers de hache et trois fers de
lance.

— Six, si besoin vous prend, répondit Bertrand, que
la pensée de se battre avec un Anglais transportait de
joie.

Le duc désapprouva Bembroug; car il craignait qu'on
ne l'accusât d'avoir attiré du Guesclin dans son camp
pour lui susciter une affaire avec un des plus redoutables
chevaliers de toute l'Angleterre. Cependant, comme le
défi avait été accepté, il ne crut pas pouvoir s'opposer
au combat, et il fut convenu que le duel aurait lieu le
lendemain, en sa présence.

On se mit ensuite à table, et quand du Guesclin prit
congé, on lui amena le plus beau des chevaux du prince.
Il l'accepta, promit de s'en servir dans sa rencontre avec

combattre devant les murs de Rennes. Quand les
seigneurs lui eurent appris qu'il devait se faire
donner la permission de sortir des Anglais, il
dit qu'il en ferait renoncer à sa cause celui qui
rend à cela que sa parole.

Le lendemain donc, il entendit la messe et communia
dévotement. Puis il se fit armer et se rendit à la porte de
la ville, où les seigneurs l'attendaient pour lui souhaiter
bonne chance. Il mit pied à terre devant le comte de
Penhoël, qui commandait en chef dans la ville, pour lui
demander, comme s'il l'eût demandé à Charles de Blois,
la permission d'aller combattre.

— Allez, brave Bertrand, répondit Penhoël, personne
ne peut mieux que vous soutenir l'honneur de la cause
que nous défendons.

On présenta alors à du Guesclin du pain et du vin sur
un plateau de vermeil. Il trempa trois fois le pain dans
le vin, en l'honneur de la sainte Trinité, puis il fit lacer
son casque, magnifiquement orné de plumes et de lambrequins, passa son écu à son cou, salua la foule accourue pour le voir, et se disposa à partir. Il allait franchir
la dernière porte quand la bonne tante qui le conduisait
jadis au sermon pour l'empêcher de se battre sur la
place de Rennes vint le supplier de renoncer à son entreprise.

— Madame, lui répondit-il, faites, je vous prie,
préparer un bon dîner. Je vous promets que j'aurai
l'honneur de le partager avec vous.

Dès qu'il parut, les trompettes du camp anglais commencèrent à sonner, et celles de la ville leur répon-

dirent. Le héraut le conduisit au lieu où Bembroug l'attendait, en présence du duc et de toute sa cour. Du premier choc ayant percé le bouclier et la cotte de mailles de son adversaire, Bertrand lui demanda s'il persistait à vouloir briser les trois fers.

— Je vous avertis, lui dit-il, que si telle est votre envie, le diable y sera.

L'Anglais répondit qu'il le voulait. Après quelques instants d'une lutte dans laquelle Bembroug fit preuve d'autant de force que de valeur, Bertrand lui passa son épée au travers du corps. Il s'avança vers le duc, en tenant les rênes du coursier de Bembroug, le remercia de lui avoir accordé l'honneur de combattre en sa présence, et s'inclina profondément, sans toutefois descendre de cheval. L'épée de Bembroug, ayant traversé son bouclier sans qu'il lui eût laissé le temps de la retirer, y tenait encore.

— Monseigneur, dit-il, je suis venu avec un cheval et une épée, et j'en emporte le double.

Le duc le félicita de sa victoire, quoiqu'il en fût bien marri, et ordonna au héraut qui l'avait amené de le reconduire jusqu'aux portes de Rennes. Celui-ci obéit et reçut pour récompense le cheval du vaincu; car du Guesclin était aussi généreux que brave.

Pendant ces deux jours, les Anglais n'avaient rien tenté contre la ville; mais la nuit qui suivit la mort de Bembroug, ils construisirent un beffroi, sorte de tour de bois mouvante, destinée à faciliter l'assaut. Ces tours, dont on faisait alors grand usage, étaient garnies d'un pont qui, s'abaissant sur les murailles, permettait aux

assiégeants de combattre comme ils l'eussent fait à terre.
Quand les premiers étaient fatigués, d'autres les remplaçaient.

Le beffroi des Anglais avait déjà fait perdre beaucoup
de monde à la ville de Rennes, et l'on craignait d'être
obligé de se rendre, quand du Guesclin offrit d'aller
l'incendier. C'était une entreprise très périlleuse, car il
fallait sortir de la place et affronter huit cents Anglais,
chargés de la garde de la machine; mais il n'y avait pas
d'autre parti à prendre. Bertrand se mit à la tête de cinq
cents hommes qui portaient, outre leurs armes, une fas-
cine soufrée. Il en disposa un pareil nombre dans la ville,
laissa aux habitants quelques cavaliers pour les soutenir,
s'ils étaient obligés de sortir, et, son épée d'une main,
une torche de l'autre, il s'avança vers la tour.

Les Anglais lui barrèrent le passage; il fondit sur eux
avec tant d'impétuosité, qu'il les culbuta, courut au
beffroi, en brisa les portes à coups de hache, y fit jeter
toutes les fascines portées par ses hommes, y mit le feu
lui-même, et ne se retira point que cette tour ne fût
entièrement consumée.

Le duc, apercevant de loin les flammes et devinant
quelle en était la cause, envoya le comte de Pembroke
avec mille hommes pour couper la retraite aux ennemis.
Du Guesclin alla au-devant d'eux et les attaqua résolu-
ment. Ils se défendirent bien d'abord; mais les cinq cents
hommes que Bertrand avait laissés dans la ville se mirent
en marche, et les Anglais, se voyant assaillis des deux
côtés à la fois, lâchèrent pied et s'enfuirent.

Le duc, qui arrivait alors avec douze cents soldats pour

attaquer du Guesclin par derrière, entra en fureur lorsqu'il rencontra les fuyards, et, leur ordonnant de le suivre, il doubla le pas, afin d'atteindre les ennemis avant leur rentrée dans la place. Quand Bertrand aperçut la bannière de Lancastre, il fit volte-face et marcha contre ce second corps comme contre le premier. Le choc fut rude de part et d'autre; mais Bertrand manœuvra si habilement, que, sans tourner le dos à ses adversaires, il regagna la ville et y rentra avec une perte de cinq hommes heulement.

Les Anglais, découragés, demandaient la levée du siège; mais le duc ne pouvait se résoudre à abandonner une place pour laquelle il avait déjà sacrifié tant de monde. Il désirait, avant de se décider, savoir si la ville avait encore des vivres pour longtemps, et il ne vit pas de meilleur moyen de s'en assurer que d'y envoyer quelques-uns de ses chevaliers, en qualité de négociateurs. Les Rennais consentirent à les recevoir; ils les promenèrent de tous côtés, sous divers prétextes; et comme, d'après l'ordre de du Guesclin, les marchands avaient étalé toutes leurs provisions et en avaient recouvert des tonneaux remplis de pierre et de sable, ces seigneurs dirent à leur maître que la ville était abondamment pourvue pour plusieurs mois.

Lancastre regretta alors le serment qu'il avait fait de ne se retirer qu'après avoir planté sa bannière sur une des portes de Rennes; mais il ne croyait pas pouvoir y manquer sans se déshonorer. Un de ses barons se chargea d'obtenir que les assiégés consentissent à ce qu'il accomplît cette solennelle promesse. Il entra

en négociation avec eux, et il fut convenu que le duc
entrerait avec neuf chevaliers seulement, planterait
ses enseignes sur la porte et lèverait immédiatement le
siège.

Du Guesclin reçut le duc, auquel on servit un festin
magnifique. On le conduisit ensuite en grande pompe à
la porte, sur laquelle il arbora sa bannière. Ainsi dé-
gagé de son serment, il quitta la ville, après avoir promis à Bertrand de lui faire savoir où il porterait la
guerre quand il aurait levé le siège.

Une trêve fut conclue presque aussitôt, et Charles de
Blois rentra dans sa capitale. Instruit des services que du
Guesclin lui avait rendus, il lui donna la seigneurie de
la Roche-Derrien, en attendant, dit-il, qu'une meilleure
fortune lui permît de le récompenser selon son mérite.
Il lui conféra ensuite l'ordre de chevalerie, et certes,
jamais guerrier n'en avait été plus digne.

Bertrand profita de la trêve pour aller voir son père à
la Motte-Broon; puis, après avoir passé quelque temps
auprès de lui, il se rendit à la terre de Pontorson, en
Normandie, dont la mort de sa mère l'avait rendu possesseur. Les fatigues des dernières campagnes lui
avaient causé une fièvre quarte dont il souffrait beaucoup. Il comptait sur le repos pour se guérir; mais il n'en
jouit pas longtemps.

Un gentilhomme anglais, Guillaume Troussel, sollicita
du duc de Lancastre la permission de demander raison à
Bertrand de la mort de Bembroug, son ami et son frère
d'armes. Le duc répondit que Bembroug ayant péri dans
un duel loyal, personne n'avait rien à reprocher à son

adversaire. Troussel résolut alors de faire à du Guesclin une querelle personnelle, afin d'obtenir de se mesurer avec lui. Un de ses parents ayant été fait prisonnier par Bertrand, il écrivit à celui-ci pour le prier de renvoyer ce captif, dont il s'engageait à lui payer la rançon dans le courant de l'année. Le bon chevalier, instruit des projets de l'Anglais, lui renvoya son billet, en lui disant qu'il ne rendrait le prisonnier qu'après le paiement de la rançon. Troussel dépêcha alors vers du Guesclin un de ses amis, pour lui dire qu'il se trouvait fort offensé de sa réponse, et qu'il le défiait à l'épée, à la lance et à la dague.

Le duc de Lancastre fut très-irrité contre Troussel, surtout lorsqu'il apprit que du Guesclin était malade. Il voulait obliger l'Anglais à retirer sa parole ou du moins à différer le combat jusqu'à l'entier rétablissement de son adversaire; mais Bertrand répondit qu'il lui restait assez de force pour vaincre Troussel, et que, le jour étant fixé et la noblesse invitée, il ne voulait pas de délai.

Le combat eut lieu en présence du maréchal d'Andrehan et d'un grand nombre de gentilshommes. On y observa toutes les formalités en usage dans ce temps, où le duel était autorisé par les lois de la chevalerie et placé sous la protection de la religion.

A la première course, Bertrand reçut un si furieux coup sur son bouclier, qu'il chancela et faillit tomber; mais il se remit promptement, rendit la pareille à son adversaire dans la seconde course, et le traversa de sa lance dans la troisième.

Troussel, mortellement blessé, s'avoua vaincu, et paya 100 florins d'or destinés à héberger la noblesse accourue pour voir le combat.

Une lutte à armes courtoises eut lieu ensuite entre quatre gentilshommes bretons ou normands et quatre chevaliers anglais. Telle était alors la passion des guerriers pour ces joutes, qu'ils ne laissaient échapper aucune occasion de s'en procurer le plaisir. Dans ce second combat comme dans le premier, les Français demeurèrent vainqueurs.

Avant que chacun s'éloignât, Bertrand, qui s'était fait accompagner par le parent de Troussel, son prisonnier, lui rendit la liberté, afin de prouver que, s'il avait refusé les offres de l'Anglais, ce n'était ni par avarice ni par méfiance, mais seulement parce qu'il savait dans quelle intention elles lui avaient été faites.

La conduite de Bertrand, dans cette journée, donna aussi bonne opinion de sa générosité que de sa valeur, et lui créa parmi les seigneurs normands une réputation pareille à celle dont il jouissait en Bretagne.

III.

Deux ans après la levée du siége de Rennes, la guerre se ralluma. Le duc de Lancastre rentra en Bretagne et alla, suivi du jeune comte Jean de Montfort, assiéger la ville de Dinan. Bertrand vint s'enfermer dans la place avec plusieurs gentilshommes normands, jaloux d'apprendre le métier de la guerre sous un si habile maître. Les seigneurs bretons s'empressèrent de l'y rejoindre; et tous repoussèrent si vaillamment les Anglais, que ceux-ci conclurent avec eux un armistice, pendant lequel chacun eut la permission de sortir de la ville et d'y rentrer sans être inquiété.

Olivier du Guesclin, que Bertrand son frère avait amené à Dinan pour lui faire faire ses premières armes, alla, un matin, sur la foi du traité, exercer son cheval dans un pré voisin du camp anglais. Il reprenait le chemin de la ville quand il rencontra Thomas de Cantor-

béry, qui, accompagné de six ou sept hommes bien armés,
le fit prisonnier et l'emmena dans sa tente. Un ancien
serviteur de la maison de du Guesclin, ayant reconnu
Olivier, courut informer Bertrand de l'aventure. Il le
trouva sur la place de Dinan, très-occupé d'une partie de
longue paume ; mais il ne lui eut pas plus tôt appris ce
qui s'était passé, que le chevalier monta à cheval, s'é-
lança vers le camp, et se rendit tout droit auprès du duc
de Lancastre.

Ce prince, en reconnaissant Bertrand, se leva, courut
à lui, l'embrassa et le remercia de sa visite, dont il
ignorait le motif. Jean Chandos, qui jouait aux échecs
avec le duc, s'approcha à son tour pour saluer du Guesclin et l'inviter à dîner avec quelques seigneurs anglais,
qui, lui dit-il, seraient ravis de cet honneur. Bertrand
répondit qu'il ne boirait ni ne mangerait qu'on ne lui eût
rendu son frère, dont Cantorbéry s'était emparé, au
mépris de la foi jurée. Le duc, instruit de ce qui s'était
passé, envoya aussitôt son héraut à Cantorbéry, pour lui
ordonner de venir le trouver sans retard.

Le gentilhomme anglais étant arrivé, Lancastre lui
reprocha d'avoir enfreint la trêve et lui enjoignit de remettre son prisonnier aux mains de du Guesclin. Thomas
répondit qu'il ne s'en dessaisirait point, et il jeta son
gant aux pieds du chevalier breton, qui le releva aussitôt.
C'était la manière de provoquer son ennemi et d'accepter
le défi. Chandos offrit à Bertrand ses armes et le meilleur
de ses chevaux, pendant que Cantorbéry sortait pour aller
s'armer aussi.

Le camp était peu éloigné de la ville ; on sut donc

bientôt à Dinan ce qui se passait au milieu des Anglais.
On craignait que quelque piége ne fût tendu au bon chevalier ; le comte de Penhoët, gouverneur de la place,
envoya un héraut chargé de demander à Lancastre que
le combat eût lieu à Dinan et de lui offrir un sauf-conduit
pour s'y rendre, avec telle suite qu'il lui plairait.

Le duc y consentit et dit qu'il accompagnerait les deux
champions dans la place. On éleva à la hâte des estrades,
qu'on décora le mieux qu'il fut possible, au lieu qui
porte encore aujourd'hui le nom de *Champ du Guesclin*,
et chacun accourut pour voir le combat.

Les gens de Dinan, qui appréciaient la valeur de
Bertrand et comptaient sur lui pour la défense de leur
ville, avaient d'abord été consternés en apprenant la provocation de Cantorbéry ; mais une noble damoiselle,
nommée Tiphaine Raguenel, fille du vicomte de la
Bellière, les rassura, en leur disant qu'il serait vainqueur
dans ce duel. Elle était si belle, si bonne, si savante surtout, qu'on ne l'appelait que Tiphaine la Fée, et qu'on
avait grande foi en ses prédictions. Un des serviteurs de
Bertrand, l'ayant entendue, rapporta à son maître ce
qu'elle avait dit.

— Mon ami, répondit en riant du Guesclin, celui qui
s'en rapporte aux paroles des femmes n'a pas plus de
raison qu'une brebis. Un homme de cœur ne compte que
sur son courage et sur l'assistance du ciel.

Le signal du combat ayant été donné, les deux adversaires coururent l'un contre l'autre et se portèrent des
coups si rudes et si pressés, qu'on ne voyait que les étin-
celles jaillissant de leurs boucliers. Au bout de quelques

instants, du Guesclin, ayant fait tomber l'épée de la main
de Cantorbéry, sauta à terre, la ramassa, la jeta par-
dessus la barrière, et suivit à pied son adversaire, qui
était resté à cheval. Mais il comprit que le poids de son
armure l'empêcherait de continuer longtemps sa course,
et, s'asseyant aussi tranquillement que s'il eût été dans
son jardin, il se mit à délacer ses genouillères.

Thomas se précipita pour l'écraser sous les pieds de
son cheval. Bertrand s'attendait à ce mouvement; il fit
un bond de côté, puis, tirant son épée, il l'enfonça tout
entière dans le ventre du noble animal, qui, fou de douleur et de rage, se cabra violemment. Le cavalier s'élança
à terre, et, la dague au poing, il revint contre du Guesclin. Celui-ci se hâta de remettre son épée au fourreau,
afin de combattre à armes égales, et, saisissant son adversaire, il le serra dans ses bras robustes, le renversa et
lui frappa la tête de ses gantelets de fer. Penhoët vint, au
nom du duc, demander la vie du vaincu, et Bertrand la
lui accorda.

— Jamais il n'y a eu plus beau combat, dit Lancastre,
quand Bertrand alla le saluer. Je publierai partout ce que
j'ai vu, et je dirai toujours que bien heureux est le prince
qui nourrit un tel chevalier.

Thomas fut condamné à rendre au vainqueur son prisonnier, son cheval, ses armes, et à lui payer 1,000 florins d'or, somme que lui-même, Cantorbéry, avait demandée pour la rançon d'Olivier. Puis le duc lui défendit
de reparaître dans son camp, en lui disant qu'il n'avait
pas besoin d'un traître.

Le lendemain, le prince reçut un courrier du roi

d'Angleterre, son frère, qui lui mandait d'abandonner la Bretagne et de venir le rejoindre à Calais. Lancastre obéit à cet ordre, et la ville de Dinan fut ainsi délivrée.

Du Guesclin profita de la trêve qui fut signée peu de temps après, pour aller à Nantes saluer Charles de Blois.

Son voyage fut une sorte de triomphe. On accourait de tous côtés pour voir le capitaine dont on avait entendu conter tant de belles prouesses, et l'on appelait sur sa tête la bénédiction divine.

Charles de Blois l'accueillit avec autant de joie que de reconnaissance et voulut le présenter à Jeanne de Penthièvre, sa femme. La princesse était occupée d'un ouvrage de broderie quand Charles parut devant elle, conduisant du Guesclin. Dès qu'il l'eut nommé, Jeanne se leva, courut à Bertrand, et se jeta à son cou.

— Soyez le bienvenu, brave Bertrand, lui dit-elle. Je sais tout ce que nous vous devons, et je reconnais qu'il nous est impossible de nous acquitter envers vous.

Charles le retint à Nantes, où devaient avoir lieu de brillants tournois. Pendant que du Guesclin y faisait merveilles, le duc envoya demander pour lui à Guillaume Raguenel, vicomte de la Bellière, la main de sa sœur, la belle fée Tiphaine.

Ce mariage donna lieu à de nouvelles fêtes, après lesquelles Bertrand conduisit sa femme à Pontorson, où ses nombreux amis l'attendaient, pour donner en l'honneur de la belle fée des joutes et des courses de bagues.

Ces réjouissances furent interrompues par l'annonce d'une descente des Anglais à la Hogue, et presque aussitôt Jean Felton, qui les commandait, parut aux portes du château de Pontorson.

Il reprocha insolemment à du Guesclin de n'avoir pas encore fait parler de lui depuis son mariage ; il lui proposa d'envoyer cinq Anglais se mesurer contre vingt Bretons ; et comme Bertrand l'écoutait en silence, il ajouta :

— Quand il vous plaira que nous combattions, vous saurez où me trouver, car je vais m'établir en un lieu d'où je viendrai souvent manger vos chapons.

— Seigneur Felton, répondit enfin du Guesclin, vos rodomontades m'ont fort réjoui ; je ne suis pas habitué d'en entendre de pareilles. Je vous remercie d'avoir pris la peine de choisir ces beaux guilledins en Angleterre et de les amener jusqu'ici ; mais je vous prie de ne pas les fatiguer, attendu que j'irai bientôt les chercher.

Dès le lendemain, il alla les attaquer dans les landes de Meillac, et, malgré le serment que plusieurs avaient fait de le tuer, il fit des Anglais un grand carnage. Felton, fait trois fois prisonnier, fut trois fois repris par les siens ; mais enfin il resta au pouvoir du vainqueur, qui l'emmena à Pontorson, avec deux autres chefs ennemis.

Peu de jours après, il les y laissa libres sur parole, Jean de Xaintré, qu'il avait vu à la cour de Charles de Blois, lui ayant écrit pour lui rappeler la promesse qu'ils s'étaient faite de réunir leurs troupes, quand le service du roi l'exigerait, et lui dire qu'une occasion se présentait d'enlever aux Anglais le château fort d'Essay, qu'ils tenaient en Guienne.

Bertrand n'hésita point à partir. Il fit si grande diligence, qu'il arriva avec ses gens bien avant le moment où on l'attendait. L'attaque d'Essay fut résolue sur-le-champ ; mais une difficulté sérieuse s'éleva entre Xaintré et du Guesclin, chacun des deux voulant que son ami prît le commandement en chef. Peu s'en fallut que cet excès de politesse ne fît manquer l'expédition. Par bonheur, les autres capitaines terminèrent le différend, en décidant que Xaintré et du Guesclin auraient chacun leur quartier séparé, et que celui des deux vers lequel les Anglais tourneraient leurs efforts deviendrait le quartier général.

La place fut investie et l'assaut donné. Bertrand arriva le premier au haut des murailles et y planta sa bannière en faisant retentir son cri de guerre : « Guesclin ! Notre-Dame Guesclin ! » Ses Bretons, que ce cri électrisait, furent en quelques instants maîtres de la première enceinte, et les assiégés coururent vers le château fort, où ils espéraient tenir encore longtemps. Du Guesclin voulut les poursuivre ; mais il mit le pied sur une pièce de bois vermoulue, qui céda sous son poids, et le brave chevalier, tombant d'une grande hauteur, se cassa la jambe.

Un Anglais, le reconnaissant à son armure, appela quatre de ses compagnons, et le leur nomma. Ils l'entourèrent aussitôt ; mais Bertrand avait déjà eu le temps et la force de se relever et de s'adosser à la muraille. Il saisit sa hache, assomma l'un de ses adversaires et en blessa grièvement deux autres. Cependant les douleurs excessives que lui causait sa jambe brisée rendaient la lutte si pénible, qu'il ne savait comment il se débarrasserait des deux autres ennemis qui le pressaient, quand un gentilhomme breton l'aperçut, s'élança à son secours, mit un des Anglais en fuite et l'autre hors de combat. Il était temps ; car du Guesclin tomba sans connaissance dans ses bras.

Le brave gentilhomme appela quelques soldats qui enveloppèrent Bertrand dans un manteau et l'emmenèrent hors de la place. Il le fit transporter à Nantes, où les plus habiles chirurgiens du temps lui prodiguèrent leurs soins. Mme Tiphaine vint prendre place à son chevet ; mais, malgré toute sa science et tout son dévouement, le vaillant chevalier ne fut guéri qu'au bout de trois mois.

Charles de Blois, qui le visitait fréquemment, l'entretenait de toutes les affaires de la Bretagne. Il lui confia, un jour, le projet qu'il avait formé de rentrer en campagne au mois de mars, quoique la trêve n'expirât qu'à la fin de septembre. Du Guesclin l'en détourna, en lui rappelant avec une noble liberté le respect qu'un homme d'honneur doit à la foi jurée.

Charles répondit qu'au mépris de la trêve, Jean de Montfort n'avait pas congédié les Anglais, et que ceux-ci avaient maltraité et rançonné en maintes rencontres les partisans de Penthièvre. Il ajouta, en outre, que Montfort n'était pas pour lui un ennemi ordinaire, mais un sujet rebelle, qu'il pouvait attaquer en quelque temps que ce fût, sans manquer aux lois de l'honneur et de la générosité. Bertrand se rendit à ces raisons, et promit de revenir à Nantes, le 15 mars, avec toutes les troupes qu'il pourrait réunir.

Quelques jours après, il partit pour son gouvernement de Pontorson. Richard de Grévacques, capitaine anglais, qui tenait garnison dans Ploërmel, ayant appris que du

Guesclin devait traverser le pays, résolut de le surprendre
et de s'emparer de sa personne. Il vint l'attaquer, au
milieu de la nuit, à l'abbaye de Saint-Méen, où Bertrand
et ses gens avaient reçu l'hospitalité. Il battit les soldats
préposés à la garde des bagages, et, animé par ce premier
succès, il marcha vers le monastère. Le bon chevalier
lui en fit ouvrir les portes, et Grévacques vit la petite
armée l'attendant en bon ordre dans le préau.

Il comprit qu'il n'en viendrait pas facilement à bout;
mais comme il était trop tard pour reculer, il fondit sur
elle avec vigueur. Les Bretons, soutenus par l'exemple
de leur chef, reçurent si bien les Anglais, qu'une terrible
mêlée s'ensuivit. On se battait depuis longtemps sans que
la victoire se prononçât pour l'un ou pour l'autre parti,
quand le fils de Richard, qui combattait à côté de lui,
tomba mortellement blessé. Grévacques, insensible à la
perte de ses soldats et de ses braves officiers, fut frappé
d'une telle douleur, à la vue du jeune homme expirant,
que, n'ayant plus la force de continuer la lutte, il se
mit, lui et les siens, à la merci de du Guesclin.

Bertrand fit prisonnier tout ce qui restait de la troupe
anglaise et reprit avec elle le chemin de Pontorson. Il
était près d'y arriver quand il aperçut dans la plaine des
soldats qu'il reconnut sans peine pour des Anglais. Il en
avertit ses hommes, et, faisant diligence, il fondit sur
les ennemis, en tua une partie et prit le reste avant
qu'ils fussent revenus de la surprise que leur avait causée
cette brusque attaque. Le chef des Anglais était ce même
Felton que Bertrand avait laissé prisonnier sur parole,
lors de son départ pour la Guienne. Depuis quelques

jours il avait acquitté le prix de sa rançon et il s'était remis aussitôt à la tête d'une troupe avec laquelle il battait la campagne, détroussait les voyageurs et rançonnait les paysans.

La dame du Guesclin, qui avait quitté Nantes dès qu'elle avait été rassurée sur l'état de son mari, vint au-devant de lui ; le voyant suivi d'un grand nombre de prisonniers, elle le félicitait de ses victoires, quand elle aperçut Felton, qui marchait tête baissée au milieu d'eux.

— Eh quoi ! c'est vous, seigneur Felton ? lui dit-elle. En vérité, c'est trop pour un homme de cœur de se faire battre deux fois en douze heures, la première fois par la sœur et la seconde par le frère.

— Que voulez-vous dire, noble dame ? demanda Bertrand.

— Voici le fait, mon seigneur, répondit Tiphaine. La nuit dernière, votre sœur Julienne et moi nous dormions dans le même lit. Elle s'éveilla soudain, en me disant qu'elle venait de voir en songe qu'un grand péril nous menaçait. J'essayai de la rassurer ; mais elle se leva, et, prenant votre épée, elle courut à la chambre de mes femmes. Une échelle était dressée contre la fenêtre, qu'un Anglais allait briser ; deux autres le suivaient immédiatement. Julienne saisit l'échelle, la renversa, et mit en un instant sur pied les braves hommes d'armes que vous nous avez laissés. C'est ainsi, mon seigneur, que votre château a été sauvé d'une surprise méditée par le vaillant Felton.

— Je vous plains, dit Bertrand à son prisonnier, de

vous être laissé battre par une religieuse (1). Par moi, je n'en parle pas, vous y êtes habitué. Mais, outre qu'il n'est pas d'un homme d'honneur d'attaquer des femmes endormies, je vous soupçonne d'avoir abusé de ma générosité pour acheter quelqu'un de mes serviteurs, pendant que je vous laissais libre sur parole.

Felton repoussa vivement cette accusation, mais elle se trouva justifiée ; et Bertrand, ne pouvant douter de la trahison de deux des femmes de chambre de la châtelaine, en fit justice selon la coutume du temps, c'est-à-dire qu'il les fit enfermer dans un sac et jeter à la rivière.

Du Guesclin ne fut pas longtemps en repos. Les Anglais, qui s'étaient emparés du château de la Roche-Tesson, l'avaient fortifié de telle sorte, qu'on le disait imprenable ; ils ne sortaient de ce repaire que pour porter de tous côtés le ravage et la consternation. Bertrand réunit douze cents hommes et marcha avec eux contre la Roche-Tesson, employa la sape pour ouvrir une brèche, et, montant le premier à l'assaut, s'empara de la forteresse, après avoir fait un grand carnage de ceux qui le défendaient.

Le roi conçut une grande joie de ce beau fait d'armes, qui délivrait le pays d'une bande de pillards sans foi ni pitié, et, pour en récompenser du Guesclin, il lui fit don du château et de ses dépendances.

Le seigneur de Craon, dont les terres étaient aussi dévastées par les Anglais, ayant appris cet exploit, envoya prier Bertrand de venir l'aider à les combattre. Le bon

---

(1) Julienne du Guesclin, qui devait plus tard être abbesse de Saint-Georges, à Rennes, avait déjà prononcé ses vœux.

chevalier, toujours prêt à accueillir de telles propositions, partit sans retard, réunit ses troupes à celles du sire de Craon, et se mit à la recherche des Anglais, commandés par le vaillant Hugues de Caverley.

Ils les rencontrèrent peu de jours après et en vinrent aux mains. Les soldats de Craon, beaucoup moins braves que leurs alliés, prirent la fuite dès le premier choc et laissèrent Bertrand et ses cent hommes seuls, en face de l'ennemi. Ceux-ci, incapables d'abandonner leur chef, se serrèrent autour de lui et attendirent les Anglais. Mais Caverley, voyant ce qui se passait, envoya un héraut à du Guesclin, pour lui dire qu'il aurait honte d'attaquer de si braves gens avec une troupe six fois plus nombreuse que la leur ; qu'il ne se pardonnerait jamais si leur illustre capitaine, qu'il estimait infiniment, venait à périr dans cette lutte trop inégale, et qu'il le priait, en conséquence, d'entrer en négociation avec lui.

Chacun trouva cette conduite généreuse. Bertrand convint de donner, pour sa rançon et celle des siens, 30,000 florins d'or, et de ne pas s'armer qu'elle ne fût payée. Il offrit des otages à Caverley ; mais celui-ci ne voulut point accepter d'autre caution que sa parole. Du Guesclin, rentré à Pontorson, vendit ses meubles, sa vaisselle d'argent, emprunta sur ses terres de quoi compléter sa rançon et celle de ses hommes, et la fit parvenir sans retard au capitaine anglais ; car le temps approchait où il devait se rendre auprès de Charles de Blois.

Il partit le 10 mars et arriva à Nantes, où presque tous les seigneurs dévoués à la cause de Jeanne de Penthièvre et de son époux étaient déjà réunis.

IV.

Charles de Blois désirait vivement donner pour général en chef à son armée le brave du Guesclin ; mais pour ne causer de jalousie à personne, il invita les seigneurs à nommer eux-mêmes celui à qui ils voulaient obéir. Le sire de Beaumanoir, maréchal de Bretagne, à qui ce commandement appartenait de droit, s'était engagé à ne pas combattre tant que les deux fils de Charles seraient en otage à Londres. Il faisait partie de l'assemblée ; dès que le prince eut parlé, il s'écria qu'il regrettait fort de ne pouvoir servir la cause qu'ils allaient défendre de nouveau, mais qu'il regrettait plus encore de ne pouvoir se mettre sous les ordres de du Guesclin, auquel il se ferait un devoir de déférer le commandement.

Bertrand voulut répondre ; il fut interrompu par des acclamations unanimes. Beaumanoir avait exprimé la pensée de tous, et Charles de Blois remit au bon chevalier le bâton d'argent semé d'hermines, insigne de sa nouvelle dignité.

Un mois après, du Guesclin était prêt à entrer en campagne avec une armée de vingt-cinq mille hommes. D'après son conseil, Charles, avant de commencer les hostilités, envoya un héraut à Jean de Montfort, pour le sommer de lui faire hommage des terres qu'il possédait en Bretagne, de chasser les Anglais restés auprès de lui et de réparer les dégâts qu'ils avaient causés dans la province; faute de quoi, les troupes de Charles de Blois allaient marcher contre lui et le châtier de ses méfaits.

Jean de Montfort répondit que, comme il était le seul duc de Bretagne, c'était à lui d'exiger l'hommage du comte de Blois, et que si celui-ci violait la trêve, les gens de Montfort sauraient bien l'en faire repentir.

Bertrand n'avait pas attendu autre chose ; mais il n'avait pas voulu surprendre un ennemi qui pouvait compter sur la foi des traités. Sa première opération fut le siége de Carhaix, qu'il contraignit à capituler au bout de six semaines. De là, il marcha contre Bécherel, château fort qui dominait la ville de Rennes. Le gouverneur, se voyant assailli par une si nombreuse armée, signa une convention en vertu de laquelle il rendait la forteresse, si, dans le délai de quinze jours, Jean de Montfort n'avait pas réussi à en faire lever le siége.

Bertrand fit battre le pays à une grande distance et amener dans son camp toutes les provisions qu'on y trouva, puis il s'y retrancha et s'y fortifia de manière à pouvoir braver l'armée de Montfort ; car il ne doutait pas que ce prince ne parût bientôt. En effet, Jean, ayant rassemblé à la hâte ses partisans, accourut pour chasser Charles de devant Bécherel. Il reconnut bientôt que l'entreprise présentait de grandes difficultés, et il résolut de l'affamer dans son camp. Mais ce fut lui qui, grâce à la prévoyance de du Guesclin, souffrit le premier de la famine ; et comme les assiégeants pressaient vivement la forteresse, Montfort, prenant un parti désespéré, envoya un héraut à Charles de Blois, pour lui offrir de vider leur querelle dans un duel loyal, à la vue des deux armées.

Charles était la bravoure même, et il gémissait depuis longtemps sur la cruelle nécessité qui l'avait forcé de répandre tant de sang innocent ; il voulait donc accepter le défi ; mais les seigneurs de son armée s'y opposèrent ; et pour que Montfort ne pût donner aucun motif injuste à ce refus, ils prièrent leur prince d'offrir à son adversaire une bataille générale, dans le lieu et à l'époque qu'il lui plairait de choisir. Charles ajouta que, quelle que fût l'issue de cette bataille, le vainqueur serait proclamé duc de Bretagne, sans que le vaincu pût tenter de nouveau le sort des armes.

Jean accepta la proposition et promit de se trouver, le 8 juillet suivant, avec toutes ses forces, dans les landes d'Evran. Les hostilités cessèrent aussitôt, et les deux armées se séparèrent pour se retrouver au jour dit.

Le 8 juillet, Blois et Montfort amenèrent sur les landes d'Evran tout ce qu'ils comptaient l'un et l'autre d'amis et de défenseurs. On allait en venir aux mains quand les évêques bretons des deux partis, consternés à la pensée d'une nouvelle effusion de sang, s'avancèrent entre les deux armées, et, après avoir conféré quelques instants, se rendirent les uns auprès de Jean, les autres auprès de Charles, pour leur demander si la rivalité qui les divisait n'avait pas déjà fait assez de victimes, et s'il ne valait pas mieux partager à l'amiable le duché de Bretagne, si cruellement appauvri et maltraité depuis des années.

Charles, dont les forces étaient supérieures à celles de son adversaire et qui se croyait sûr de la victoire, prêta cependant de grand cœur l'oreille à cette proposition. Jean, après quelque hésitation, déclara, de son côté, qu'il aimait mieux ne posséder qu'une partie de la Bretagne que d'achever de la ruiner par une guerre dont elle n'avait déjà que trop souffert. Il fut donc convenu que la province serait divisée en deux Etats, dont l'un obéirait à Charles de Blois et aurait Rennes pour capitale, tandis que l'autre appartiendrait à Jean de Montfort, qui résiderait à Nantes.

Le traité fut signé. Les deux princes en jurèrent l'exécution sur l'Evangile et s'embrassèrent à la vue des deux armées, qui se confondirent aussitôt en se prodiguant mille témoignages d'amitié. Jean et Charles se donnèrent mutuellement des otages, qui devaient recouvrer leur liberté dès que le partage serait fait.

Du Guesclin fut du nombre de ceux que réclama Montfort. Bertrand s'était opposé de tout son pouvoir à la conclusion du traité, non qu'il ne désirât voir la fin de cette sanglante querelle, mais parce qu'il croyait que la paix ainsi faite ne serait point durable, et que le comte de Blois manquait une belle occasion de se faire reconnaître seul duc de Bretagne.

En consentant à suivre Montfort en qualité d'otage, Bertrand avait déclaré à ce prince qu'il ne pourrait rester entre ses mains que pendant un mois, et cette condition avait été acceptée. Il passa ce temps dans la maison de Robert Knolles, capitaine anglais. Le délai étant expiré, il lui fit ses adieux et se retira à Vitré.

Il donna ordre à ses soldats restés en Bretagne de le venir joindre à Guingamp, d'où il comptait retourner à Pontorson. Le jour où il voulait partir avec eux, il trouva les portes de la ville fermées et les rues pleines de gens qui lui barraient le passage. Il en fut fort étonné ; il crut que, malgré sa défense expresse, quelqu'un des siens avait donné à ce peuple quelque sujet de mécontentement. Il pria donc les bourgeois d'articuler leurs griefs et leur promit de réparer les dommages qu'on aurait pu leur causer. Alors tous ceux qui encombraient la place se jetèrent à ses genoux ; un bourgeois lui dit que les gens qu'il voyait n'avaient à se plaindre de personne des siens ; mais qu'ils le suppliaient de les prendre en pitié et de les délivrer de deux capitaines anglais qui pillaient leurs biens, ravageaient leurs campagnes et maltraitaient cruellement les malheureux tombés entre leurs mains.

Du Guesclin réunit aussitôt les forces qu'on lui avait promises et les mena contre le château de Pisthivien, où Roger Davy, l'un des deux capitaines anglais, faisait sa résidence. Ce château était admirablement fortifié et situé au milieu d'un étang vaste et profond, coupé seulement par une chaussée très-étroite. Bertrand, n'ayant pas de bateaux, élargit la chaussée en faisant jeter dans l'étang des pierres, des troncs d'arbres, des fascines; puis, quand ses troupes furent parvenues au pied des murailles, il fit jouer la sape, et, la brèche étant ouverte, il donna l'assaut.

Roger Davy se défendit comme un lion; mais du Guesclin et les siens firent des prodiges, et bientôt la forteresse fut hors d'état de leur résister. Bertrand admirait la vaillance partout où il la rencontrait; il alla droit à Davy, qui se disposait à s'ensevelir sous les ruines de son château.

— Seigneur, lui dit-il, vous voyez que toute résistance est inutile, épargnez le sang des vôtres, rendez-vous à moi, et soyez sûr que je vous traiterai comme votre bravoure le mérite.

— J'aimerais mieux mourir que de remettre mon épée à tout autre que vous, répondit Davy; mais je puis la rendre sans déshonneur à un ennemi si généreux.

— Gardez-la, répliqua Bertrand, votre parole me suffit.

Les Anglais, sur l'ordre de leur chef, mirent aussitôt bas les armes; mais du Guesclin eut besoin de toute son autorité pour empêcher les soldats du pays de les passer au fil de l'épée et de livrer la forteresse au pillage. Davy le suivit en qualité de prisonnier; la forteresse fut démantelée et la plus grande partie des richesses qu'on y trouva furent partagées entre les vainqueurs.

Le château de Trogost, dans lequel s'était enfermé le second capitaine anglais, capitula, et la garnison en sortit avec armes et bagages.

Du Guesclin, comblé des bénédictions du peuple, reprit le chemin de Pontorson, où il comptait prendre un peu de repos.

A peine était-il arrivé, que le dauphin Charles, régent de France, depuis que le roi Jean, son père, était prisonnier, lui manda de le venir trouver.

Du Guesclin, ne considérant pas les affaires de Bretagne comme terminées, voulait s'excuser auprès du dauphin ; mais, après avoir pris l'avis de Mme Tiphaine, il résolut de mettre son épée au service de la France, pendant la durée de la trêve conclue entre Blois et Montfort.

Il fit de riches présents au héraut du dauphin et le chargea d'annoncer à la cour sa prochaine arrivée.

Le dauphin, qui fut depuis Charles le Sage, apprit avec joie cette bonne nouvelle. Le roi de Navarre, Charles le Mauvais, contre lequel il luttait depuis longtemps, pouvait amener les Anglais au cœur de la France ; car les deux villes de Mantes et de Meulan qui lui appartenaient, le rendaient maître de la Seine.

Le dauphin embrassa du Guesclin, en présence des seigneurs, et le leur présenta en disant :

— Voici un chevalier que je vous donne comme un des meilleurs et des plus hardis du monde. Vous le verrez à l'œuvre.

Bertrand commença par montrer sa bravoure au siége de Melun, et contribua beaucoup à la reddition de cette place. Mantes fut ensuite enlevée au roi de Navarre par une surprise analogue à celle qui avait livré à du Guesclin le château de Fougeray. La ville de Meulan, dont la tour passait pour imprenable, fut aussi forcée de se rendre, quoique le gouverneur eût fait répondre au bon chevalier, lors de sa première sommation, que tant qu'il n'aurait pas d'ailes, on ne le craindrait pas.

V.

Pendant que le bon chevalier guerroyait ainsi, le roi Jean étant mort à Londres, le dauphin lui succéda. Charles le Mauvais ne se soumit point. Irrité des pertes que du Guesclin lui avait fait éprouver, il réunit ses plus vaillantes troupes, dans l'espoir de prendre une revanche éclatante. Jean de Grailly, captal de Buch, venu de Gascogne à son secours, accompagné de quatre cents hommes d'armes, s'engagea, avec la présomption ordinaire aux gens de ce pays, à prendre du Guesclin avant la fin du mois, et à l'amener pieds et poings liés au roi de Navarre.

Bertrand, de son côté, fit appel aux seigneurs restés fidèles à leur souverain légitime et s'avança vers Pont-de-l'Arche, où il comptait trouver les ennemis. La plus grande partie de la noblesse de France étant à Reims pour assister au sacre du roi, l'armée de du Guesclin n'était guère que de sept à huit mille hommes.

Il rencontra le captal de Buch entre Evreux et Cocherél, sur les bords de l'Eure. L'armée du Gascon, plus nombreuse que la sienne, occupait, en outre, une position très-avantageuse. Bertrand avait donné trop de preuves de valeur pour craindre de se montrer prudent. Comme il était aussi bon général que bon soldat, il déclara aux siens qu'il n'attaquerait pas les Navarrais sur la colline où ils s'étaient rangés ; car le seul moyen de les battre était de les attirer dans la plaine.

Mais il avait affaire à un ennemi aussi rusé que lui-même. Il eut beau défier le captal de Buch, l'inviter, lui et les plus braves seigneurs anglais, à se mesurer contre les chevaliers français, engager quelques petits combats pour qu'entraînés par leur ardeur, les révoltés abandonnassent leur position : Grailly resta impassible. Bertrand assembla alors ses chevaliers et leur dit qu'il ne restait plus qu'un seul expédient à tenter, qu'il fallait simuler une retraite ; que si les ennemis se décidaient à les poursuivre, ils feraient volte-face ; sinon, qu'ils s'éloigneraient réellement jusqu'à ce qu'une meilleure occasion de combattre se présentât. Il en coûtait aux seigneurs français d'agir ainsi ; mais ils avaient tant de confiance dans la bravoure et la sagesse du bon chevalier breton, que pas un d'eux n'osa le contredire.

L'armée se mit donc en devoir de repasser l'Eure, après avoir fait défiler tous ses bagages. Les Navarrais demandèrent à poursuivre ceux qui les fuyaient. Le captal de Buch répondit sagement que Bertrand et les nobles français qui l'accompagnaient n'avaient jamais eu peur, et qu'ils entendaient trop bien leur métier pour que cette prétendue fuite ne cachât pas quelque ruse de guerre. Plusieurs capitaines furent de son avis ; mais les Anglais, qui étaient en grand nombre dans l'armée du roi de Navarre, soutinrent que c'était une faute de ne pas tomber sur des troupes obligées de battre en retraite, et, sans attendre aucun ordre, ils s'élancèrent à la poursuite des Français.

Du Guesclin avait si bien pris ses précautions, qu'aussitôt ses soldats se trouvèrent en bataille et reçurent la première attaque, tandis que ceux qui étaient déjà de l'autre côté de l'Eure franchissaient de nouveau cette rivière pour les soutenir. Les Navarrais, voyant leurs alliés aux prises avec des forces considérables, ne purent s'empêcher de descendre à leur secours, et les deux armées se trouvèrent ainsi face à face dans la plaine. Jean de Grailly dépêcha alors un héraut vers du Guesclin, pour lui dire que s'il manquait de vivres, il lui en donnerait et le laisserait se retirer sans le poursuivre ; mais qu'il croyait inutile de verser le sang de tant de braves gens dans une bataille rangée.

Comme ce langage n'était pas celui du captal quelques heures auparavant, du Guesclin fut peu touché des sentiments d'humanité qui lui étaient venus si vite.

— L'ami, dit-il au héraut, voici 100 florins d'or et un cheval pour prix de votre éloquence ; mais allez dire à celui qui vous envoie que je sais où prendre des vivres, et que je souperai ce soir au quartier du captal de Buch.

Ayez soin de recommander aux officiers de bouche que mon repas soit prêt et mon couvert mis.

Le combat s'engagea aussitôt et dura sept heures, avec un acharnement incroyable. Jamais Bertrand ne montra plus de valeur et d'habileté. Sans cesser de distribuer, à droite et à gauche, les plus rudes coups, il avait l'œil partout, et, dès que quelqu'un des siens pliait, il accourait pour le soutenir.

— En avant! en avant! s'écriait-il. Il faut une victoire au dauphin pour étrennes de sa noble royauté.

Thibaut du Pont, gentilhomme breton, qui combattait avec une épée longue de six pieds et pesant douze livres, joignit, vers la fin de la journée, le captal de Buch, et le saisit par le haut de son casque. Le captal, ne voulant pas se rendre, allait périr quand du Guesclin parut.

— Voici mon épée, lui dit-il. A nul autre que vous ne la remettrais-je.

Le roi apprit cette victoire au moment où il entrait dans la cathédrale de Reims pour la cérémonie du sacre, et cette circonstance parut d'un heureux augure à tout le monde. La journée de Cocherel eut, en effet, pour résultat d'inspirer une crainte salutaire à beaucoup de seigneurs qui hésitaient encore sur le parti qu'ils devaient prendre et de les rattacher à la cause royale. Elle affaiblit le roi de Navarre, que ses intelligences avec les Anglais rendaient redoutable, et elle fit espérer à toute la France un règne plus heureux que les précédents.

Du Guesclin reçut en récompense de ce service le titre de maréchal de Normandie et le comté de Longueville. Le bon chevalier fut obligé de faire la conquête de son propre château, qui était au pouvoir des Navarrais. Puis il se mit à la poursuite des Anglais, qui ravageaient le Cotentin. Ceux-ci se réfugièrent dans Valognes. La ville se rendit et fut bien traitée par Bertrand; mais les ennemis s'étant réfugiés dans le château fort de la place, il en fit aussitôt le siége. Après avoir essayé vainement de ruiner le château, bâti sur le roc, il envoya chercher dès pierriers à Saint-Lô. Les murs de la forteresse étaient si épais, que cette faible artillerie n'y causa pas le moindre dommage.

Les assiégés raillaient les Français de tant d'efforts impuissants. Chaque fois que les pierriers étaient près de tirer, un de leurs soldats mettait en branle la cloche du donjon. Aussitôt après le coup, d'autres soldats essuyaient avec une serviette l'endroit des murailles qui avait été frappé, et ils reprochaient aux assiégeants de s'amuser méchamment à noircir leurs belles pierres blanches.

Bertrand, irrité de ces railleries et plus encore de son mauvais succès, envoya dire au gouverneur que, dût-il rester un an devant son château, il n'en bougerait pas qu'il ne l'eût pris, et qu'il ne ferait alors aucun quartier ni à lui ni aux siens. Il lui donnait en même temps trois jours pour se rendre, et ajoutait que, ce délai passé, il serait trop tard.

Le gouverneur, sachant que du Guesclin tiendrait parole, demanda à sortir avec armes et bagages. Bertrand y consentit; mais le jour de la reddition, les soldats français voulurent rendre à leurs adversaires raillerie

pour raillerie. Quelques gentilshommes en furent tellement offensés, qu'au mépris de la capitulation, ils ren-
trèrent dans le château, en jurant de s'ensevelir sous ses
ruines plutôt que de le livrer aux Français.

Le siége recommença donc, ces braves chevaliers
n'ayant voulu rien entendre. Il eût peut-être duré longtemps, si l'on n'eût découvert une porte secrète qui donnait sur le fossé. On la força, et l'on mit à mort les derniers défenseurs du donjon.

Bertrand avait encore beaucoup à faire pour délivrer
la Normandie des Anglais qui la rançonnaient; mais,
avant d'être maréchal de cette province, il était Breton.
Charles de Blois l'ayant appelé à son aide, il quitta tout
pour se rendre auprès de son souverain.

Quand les évêques bretons avaient empêché l'effusion
du sang sur les landes d'Evran, ils avaient oublié que le
traité conclu entre Jean de Montfort et Charles de Blois
avait besoin de la ratification de Jeanne de Penthièvre,
Charles n'étant que le représentant des droits de cette
princesse, ou bien ils avaient espéré qu'elle se laisserait
toucher comme ces deux vaillants guerriers.

Il n'en fut rien. Jeanne de Penthièvre n'eut pas plus
tôt appris à quelles conventions Charles avait souscrit,
qu'elle lui reprocha amèrement de prendre peu de souci
de l'héritage qu'il avait juré de défendre. Elle lui dit que
s'il ne voulait pas continuer la guerre, elle se mettrait
elle-même à la tête de ses troupes; car elle aimerait
mieux mourir mille fois que de renoncer à la moindre
partie de son beau duché de Bretagne.

Charles fut à la fois triste et confus de cette réponse;

mais, comme il ne prétendait à la couronne de Bretagne
que du chef de sa femme, il fut obligé de se résigner à
reprendre les armes. Il en fit avertir Jean de Montfort,
et les hostilités recommencèrent.

Le comte de Montfort était occupé au siége d'Auray
lorsqu'il apprit que son adversaire venait de recevoir des
renforts considérables commandés par du Guesclin,
qui valait à lui seul plus de mille hommes; il réunit
son conseil, afin de prendre un parti. Tous les seigneurs
qu'il interrogea lui dirent qu'ils étaient prêts à mourir
pour lui. Jean, touché de leur dévouement, répondit
qu'il ne se pardonnerait pas de hasarder la vie de tant
de braves gens sans avoir fait un dernier effort pour la
sauver.

Un héraut alla, de sa part, trouver Charles de Blois,
pour le supplier, au nom de Dieu, en bon chrétien et en
bon parent, d'exécuter le traité des landes d'Evran, et
pour lui jurer que si, lui, Montfort, mourait sans enfants mâles ou que l'un de sés successeurs se trouvât
dans ce cas, le duché de Bretagne appartiendrait tout
entier aux descendants de Blois et de Penthièvre.

Charles eût consenti de grand cœur à cet accommodement; mais Jeanne n'y prêta l'oreille qu'avec répu-
gnance, et les seigneurs de son parti déclarèrent que
le prince et la princesse, ayant pour eux le bon droit et
une belle armée, ne devaient écouter aucune proposition.

La ville d'Auray, vivement pressée par Jean de Montfort, envoya demander de prompts secours à son adversaire, et celui-ci se mit aussitôt en marche. C'était dans

les champs d'Auray que devait enfin se terminer la longue et cruelle guerre dont la Bretagne avait tant souffert.

Le 29 septembre 1364, les deux armées se trouvant en présence, chacun des deux princes fit, dit-on, offrir la paix à son ennemi; mais les seigneurs de l'un et de l'autre parti étaient tellement animés, qu'ils ne voulurent rien entendre Ce qui paraît certain, c'est que Jean de Montfort, ayant renouvelé ses propositions d'accommodement, les vit encore repoussées.

Charles avait dit à Jeanne de Penthièvre, en prenant congé d'elle :

— Vous serez seule duchesse de Bretagne, ou j'y perdrai la vie.

Cependant, quand il vit en présence ces deux armées dans lesquelles les enseignes et le cri de guerre étaient les mêmes, il ne put s'empêcher de s'écrier à plusieurs reprises :

— Quel malheur que ce différend ne se puisse vider entre mon adversaire et moi sans faire couler tant de sang !

Ce fut, si l'on en croit les historiens du temps, une magnifique bataille, dans laquelle il se donna « moult grands et moult beaux horions; » ce qui ne doit pas étonner, car les deux armées comptaient les plus braves chevaliers de leur temps. Montfort et Blois se montrèrent dignes l'un de l'autre, et du Guesclin soutint par des prodiges de valeur la réputation qu'il s'était faite.

Charles fut tué les armes à la main, selon les uns, et,

selon les autres, égorgé par un Anglais, quoique, ne
pouvant plus se défendre, il se fût rendu. Un grand
nombre des plus illustres seigneurs de Bretagne s'étaient
fait hacher à ses côtés. La nouvelle de sa mort mit le
découragement dans le reste de son armée. Du Guesclin
cependant continua de combattre avec fureur; il voulait
venger son prince, qu'il regrettait comme le plus vaillant et le plus honnête homme du monde.

Il frappa jusqu'à ce que son épée et sa hache furent
rompues; puis sa dague lui ayant aussi fait défaut, il
lutta à coups de poing contre ceux qui voulaient s'emparer de lui. Il allait toutefois tomber entre leurs mains,
lorsque Jean Chandos, un des plus braves chevaliers
anglais du parti de Montfort, l'ayant reconnu, s'approcha de lui, mit pied à terre et lui dit :

— Messire Bertrand, cette journée n'est pas des
vôtres; rendez-vous à moi, je vous en prie.

Du Guesclin n'avait pas d'autre parti à prendre, l'armée entière étant dispersée ou détruite.

Lorsque Jean de Montfort apprit qu'on avait retrouvé
Charles de Blois parmi les morts, il se fit conduire auprès de lui, s'agenouilla pieusement et ne put retenir ses
larmes.

— Ah! monseigneur Charles, beau cousin, s'écria-
t-il, comme, pour votre opinion maintenir, sont adve-
nus en Bretagne maints grands meschefs ! Si Dieu m'aist !
Il me déplaît quand je vous trouve ainsi, si être put au-
trement !

Charles avait déjà été dépouillé de son armure et de
ses riches vêtements; il ne lui restait que sa chemise

et un cilice qu'il portait depuis des années. Jean ordonna qu'on l'enveloppât de son propre manteau et qu'on le transportât à Guingamp, où il le fit inhumer en grande pompe.

Une trêve de trois jours fut accordée pour que chacun pût reconnaître ses morts et leur donner la sépulture; puis Jean s'empara de plusieurs places et mit le siége devant Quimper.

La guerre se fût prolongée encore si Jeanne de Penthièvre eût trouvé un protecteur dans le roi de France; mais Charles, jaloux de mériter le glorieux surnom de Sage en s'attachant à réparer les maux de son peuple, ne jugea pas à propos de continuer une lutte qui avait déjà fait tant de victimes. Il envoya vers Montfort des députés chargés de lui reconnaître le titre de duc de Bretagne, à la condition d'en faire hommage au roi de France.

Jean ne le pouvait sans l'aveu d'Edouard III, son beau-père et son allié. Le roi d'Angleterre, alors parvenu à la vieillesse, fut le premier à lui conseiller de tout faire pour affermir son autorité.

La paix fut signée à Guérande, la veille de Pâques de l'année 1365. La veuve de Charles de Blois se retira dans son comté de Penthièvre, qu'on lui laissa, ainsi que la vicomté de Limoges, et Jean demeura seul possesseur d'un héritage pour lequel la Bretagne, mise à feu et à sang pendant plus de vingt ans, avait perdu deux cent mille hommes.

VI.

Les Grandes-Compagnies. — Du Guesclin les entraîne en Espagne. — Pierre le Cruel et Henri de Transtamare. — Bataille de Navarette. — Du Guesclin est prisonnier du Prince Noir.

Il y avait alors en France une multitude d'aventuriers de toute langue, de toute nation, que les guerres des règnes précédents y avaient attirés. Restés sans moyens d'existence depuis le traité de Brétigny, ils s'étaient donné des chefs et continuaient à dévaster les provinces pour leur propre compte. Ils prenaient les forteresses, pillaient les églises, les châteaux et les maisons des paysans, rançonnaient les voyageurs, incendiaient les villages, et tuaient au besoin pour s'enrichir.

Ces brigands s'étaient cantonnés dans les meilleures provinces de France. Secrètement appuyés par le roi d'Angleterre et le prince de Galles, qui n'avaient point renoncé à leurs anciennes haines, ils y faisaient régner, pendant la paix, toutes les horreurs de la guerre. Le pauvre peuple se plaignait sans cesse au roi. Charles V, à force de sagesse, était parvenu à réprimer les excès des Grandes-Compagnies — c'est ainsi qu'on appelait ces pillards — mais le traité de Guérande, rendant inutiles les troupes employées en Bretagne, les rejeta sur la France. Ces soudards rejoignirent leurs anciens camarades, et la plus grande partie du royaume fut le théâtre de leurs exploits.

Le roi, vivement touché de tant de maux, ne vit que du Guesclin qui fût capable de l'aider à les guérir. Du Guesclin était, comme nous l'avons dit, prisonnier de Jean Chandos, et quoique ce seigneur le traitât avec autant d'amitié que d'estime, il exigeait 100,000 fr. pour sa rançon. Or, le bon chevalier, qui avait toujours recherché la gloire bien plus que l'argent, était loin de pouvoir fournir une pareille somme.

Charles le Sage n'eût pas hésité à payer lui-même la rançon de ce brave serviteur; mais le trésor public était tellement épuisé, que le roi ne put disposer que de 40,000 fr.

Il les offrit à du Guesclin; quelques-uns des amis de Bertrand vinrent à son aide, et, en faisant vendre encore une fois ses meubles et son argenterie, en engageant ses terres et ses châteaux, le bon chevalier parvint à compléter la rançon demandée.

Le premier usage qu'il fit de sa liberté fut d'aller se mettre à la disposition du roi.

— Brave Bertrand, lui dit Charles, je sais quels bons services vous m'avez rendus; mais j'en attends de vous encore un plus grand. J'ai pitié de mon peuple. Il a cruellement souffert pendant de longues années des maux de la guerre, et il n'a fait que changer d'ennemis depuis que les Grandes-Compagnies pillent et dévastent tout sur leur passage. Je compte sur vous pour m'en débarrasser. Vous avez ouï dire comment le roi de Castille, don Pèdre, a traîtreusement empoisonné la reine Blanche, sa femme et ma belle-sœur. Je le verrais avec joie perdre sa couronne en punition de ce crime et de tous ceux qu'il a commis.

— Sire, répondit Bertrand, je suis prêt à vous obéir en tout. J'irai donc vers les Grandes-Compagnies, et je leur proposerai de me suivre en Castille.

Peu de jours après, Bertrand envoya aux capitaines des pillards un héraut chargé de leur dire qu'il souhaitait ardemment prendre part à leur fortune, et que s'ils voulaient lui accorder un sauf-conduit, il se rendrait auprès d'eux pour leur faire des propositions qui leur seraient agréables et avantageuses.

Le sauf-conduit ne se fit pas attendre. C'était tout à la fois un honneur et un bonheur pour les Grandes-Compagnies que l'arrivée de du Guesclin. Il fut reçu avec un enthousiasme dont on se ferait difficilement une idée. Le lendemain, il harangua ainsi les soldats :

— Il n'est pas digne de braves guerriers comme vous, leur dit-il, de vivre aux dépens du pauvre peuple en rançonnant des voyageurs et des paysans. J'ai de plus glorieux triomphes à vous proposer. Allons ensemble chasser les Sarrasins des royaumes de Grenade et de Murcie. Allons nous emparer des immenses trésors qu'ils y ont amassés. Allons relever la croix de Jésus-Christ, qu'ils ont traînée dans la poussière ; et, en travaillant à notre gloire et à notre fortune, nous assurerons notre salut.

Les pillards applaudirent au discours de Bertrand, et jurèrent de le suivre jusqu'au bout du monde. De peur que cet enthousiasme ne se refroidît, le bon chevalier entretint longuement les chefs des avantages de l'expédition projetée, et promit de la part du roi 200,000 florins d'or pour le voyage. Telle était la confiance que chacun avait en lui, que vingt-cinq des principaux capitaines, sachant qu'il retournait auprès de Charles V, voulurent le suivre pour obtenir leur pardon de ce monarque.

Du Guesclin les précéda et rendit compte de sa mission. Charles ressentit tant de joie de ce succès, qu'il embrassa le chevalier devant toute sa cour, et lui dit qu'il était plus heureux de ce bon office que s'il voyait son royaume augmenté d'une grande province. Bertrand avoua alors au roi que, pour arriver à ce résultat, il avait dû promettre aux Grandes-Compagnies 200,000 florins d'or.

— Brave Bertrand, répondit Charles, vous auriez promis le tiers de mes Etats, que je ne vous dédirais pas. Les 200,000 florins d'or seront payés à Lyon, dussé-je engager pour cela ma couronne.

Les capitaines furent présentés au roi, qui, en leur promettant d'oublier le passé, les laissa remplis d'attendrissement et de reconnaissance.

La nouvelle du prochain départ des Grandes-Compagnies répandit la joie dans toute la France et redoubla l'estime et l'amour du peuple pour du Guesclin. D'un autre côté, dès que les seigneurs eurent appris que ce vaillant chevalier devait commander l'expédition qui se préparait contre les Maures, ils vinrent en grand nombre, tant Français qu'Anglais et Bretons, se mettre sous ses ordres.

Bertrand partit avec eux et attendit les Grandes-Compagnies à Lyon, où les 200,000 florins d'or leur furent exactement payés. L'armée avait à traverser ensuite le comtat d'Avignon, qui appartenait au pape. Les pillards demandèrent trois choses au saint-père, qui y faisait alors sa résidence : l'absolution de tous les crimes qu'ils avaient commis et des excommunications prononcées contre eux, la bénédiction des armes avec lesquelles ils allaient combattre les infidèles, et une aumône de 200,000 fr. pour les frais du voyage.

Cette aumône parut énorme, et les cardinaux, réunis en conseil, la refusèrent ; mais les soudards n'étaient pas tellement convertis qu'ils crussent devoir se soumettre à cette décision. Ils commencèrent à ravager le comtat. Le pape, ne voyant rien de mieux à faire, traita avec eux, moyennant 100,000 fr., qu'il leur fit compter, à la seule condition qu'ils le débarrasseraient sans retard de leur terrible voisinage.

Le roi de Castille, Pierre le Cruel, était haï des grands et du peuple, autant que Henri de Transtamare, fils naturel du roi défunt, en était aimé. On disait que le trône devait appartenir à Henri, Pierre étant fils d'une femme juive, qui l'avait vendu pour remplacer une fille que la reine venait de mettre au monde.

Plusieurs villes cependant refusèrent de trahir le serment fait à Pierre le Cruel. Du Guesclin en fit le siége et les força de reconnaître Henri de Transtamare, qui se fit couronner à Burgos, le jour de Pâques de l'année 1366.

Ce même jour, il fit don au bon chevalier breton de plusieurs riches domaines et le nomma connétable de Castille.

Tolède, Séville et toute la Galice se soumirent au nouveau roi, pendant que Pierre le Cruel demandait du secours aux Maures d'Afrique, puis au roi de Portugal, son oncle, et enfin au Prince Noir, qui était alors dans son duché de Guienne. Il lui offrit, s'il consentait à le rétablir sur le trône, toute la province de Biscaye et 600,000 florins, qu'il avait, disait-il, cachés en divers lieux.

Le Prince Noir, après avoir pris l'avis du roi d'Angleterre, rappela ceux de ses capitaines qui avaient suivi du Guesclin en Espagne, et s'avança vers les Pyrénées avec une nombreuse armée.

Bertrand, instruit des manœuvres de Pierre le Cruel, était parti pour la France, afin d'amener des renforts à don Henri. Quelque diligence qu'il pût faire, les Anglais étaient arrivés avant lui près de Navarette, où l'armée du nouveau roi était réunie.

Il fut reçu avec enthousiasme, chacun étant persuadé que sa présence assurerait la victoire. Du Guesclin conseilla à don Henri de ne pas combattre et de laisser la famine venir à bout des Anglais.

L'avis était bon; mais le roi, qui avait près de cent mille hommes, refusa de le suivre.

— Par l'âme de mon père, dit-il, j'ai trop belle armée pour m'en aller sans bataille.

— Monseigneur, reprit Bertrand, vos soldats sont aussi braves que les Anglais ; mais les Anglais les battront ; car ils sont tous vieux soldats, endurcis au métier des armes.

Les seigneurs castillans qui entendirent ces paroles en témoignèrent leur mécontentement, et don Henri décida que la bataille aurait lieu.

— Soit ! répondit Bertrand. J'y mourrai ou j'y serai fait prisonnier ; mais ce que j'ai dit arrivera.

Le duc de Lancastre et du Guesclin, chargés de l'avant-garde dans les deux camps, s'attaquèrent avec une impétuosité digne de leur réputation ; mais à peine le corps d'armée anglais eut-il joint celui des Espagnols, que, selon la prédiction de du Guesclin, ceux-ci s'enfuirent en désordre. Le Prince Noir défendit qu'on les poursuivît. Il tourna tous ses efforts contre les troupes commandées par Bertrand, tandis que don Pèdre, qui était très-brave, se chargeait d'attaquer celles que Henri commandait en personne. Après avoir résisté pendant quelque temps, ces dernières, ayant appris la fuite de vingt mille des leurs, lâchèrent pied comme eux.

Henri, indigné de tant de lâcheté, rallia quatre ou cinq mille de ses plus fidèles défenseurs et alla rejoindre avec eux les Français et les Bretons de du Guesclin, qui soutenaient seuls l'effort de toute l'armée anglaise.

— Mes amis, leur dit-il, vous allez voir que je n'étais pas indigne de la couronne que vos armes m'avaient donnée.

Et, se précipitant au milieu des ennemis, il porta le ravage dans leurs rangs. Toutefois, la lutte étant trop inégale, du Guesclin parvint à le dégager, et exigea qu'il se retirât de la mêlée.

Quant à Bertrand, il alla, suivi d'une poignée de braves, s'adosser à un mur, afin de ne pouvoir être attaqué par derrière, et là il continua de se battre comme un lion. Le Prince Noir s'avança vers eux et les invita à se rendre, en leur disant qu'il regretterait toute sa vie la mort de si vaillants chevaliers. Mais, en ce moment, don Pèdre, qui s'était approché, s'écria qu'il ne se croirait jamais roi de Castille tant que ces gens-là vivraient.

Du Guesclin, qui l'entendit, lui donna un si grand coup d'épée dans son bouclier, que le choc le fit tomber à deux genoux. Il allait lui en porter un second, lorsqu'il fut lui-même saisi par deux Anglais, qui, le tenant l'un par la tête, l'autre par le milieu du corps, le sommèrent de se rendre. Bertrand fit des efforts inutiles pour se dégager ; les deux soldats allaient le tuer, quand Edouard leur défendit de lui faire aucun mal. Alors, du Guesclin, prenant son épée, la lui remit, en disant que si quelque chose pouvait le consoler de son malheur, ce serait d'être le prisonnier du prince le plus généreux de la terre.

Le Prince Noir fit aussitôt sonner la retraite et s'agenouilla pour remercier Dieu de sa victoire. Puis il montra à don Pèdre la plaine couverte de morts et de blessés.

— Vous êtes vainqueur, lui dit-il ; mais vous ne devez pas moins croire que vous avez perdu cette journée, puisque vous ne recouvrez votre royaume qu'au prix du

sang de vos sujets. Si vous ne voulez pas que ce sang
retombe sur votre tête, soyez bon et généreux.

Don Pédre espérait trouver sur le champ de bataille
le corps de son frère. Quand il apprit qu'on n'avait
reconnu Henri ni parmi les morts ni parmi les blessés,
il devint furieux; mais sa colère fut peut-être encore
plus grande quand il vit du Guesclin au nombre des
prisonniers.

— Donnez-le-moi, dit-il au prince de Galles, je le
paierai son poids d'argent.

— Si messire Bertrand était votre prisonnier, répondit
le prince, je vous en offrirais son pesant de pierreries;
car je vois de quelle manière vous le traiteriez; mais il
est à moi, je le garde.

La bataille de Navarette fut suivie de la soumission de
presque toute la Castille. Edouard resta quatre mois à
Valladolid, pour laisser à son allié le temps de s'affermir; mais sa santé l'obligea alors à retourner en Guienne.
Il emmena Bertrand, qu'il ne voulait point mettre à
rançon, de peur que, grâce à ce vaillant capitaine,
les affaires de Castille ne vinssent encore à changer de
face.

Henri quitta l'Espagne en fugitif et n'arriva en France
qu'après avoir échappé à une foule de dangers. Là, il se
mit à la tête d'une petite troupe de Français et de
Bretons, avec lesquels il fit quelques courses en Guienne
pour se venger des Anglais; mais le retour du Prince
Noir l'obligea à rentrer en France et à licencier ses
soldats.

Henri supporta sa mauvaise fortune avec un grand

courage ; mais il n'apprit pas sans une profonde douleur que son frère, délivré de la contrainte que lui avait imposée la présence du prince de Galles, faisait chèrement payer à la noblesse castillane la préférence qu'elle avait accordée au comte de Transtamare. Chaque jour une nouvelle victime était sacrifiée aux ressentiments de ce prince ; des femmes même payèrent de leur vie le crime d'avoir fêté l'usurpateur.

Le peuple ne fut pas plus épargné que la noblesse. La nouvelle d'une alliance contractée par don Pèdre avec les princes mahométans ayant donné lieu à plusieurs conspirations, il les réprima de telle sorte, que les Castillans, ne pouvant plus supporter le joug de ce tyran, supplièrent instamment don Henri de revenir au milieu d'eux.

Bertrand, consulté par ce prince, l'engagea à céder à leurs vœux et lui promit de le rejoindre en Espagne, dès que la liberté lui serait rendue.

VII.

Du Guesclin, qui n'avait jamais été aussi longtemps
inactif que depuis la bataille de Navarette, souffrait d'autant plus de se sentir prisonnier, qu'il savait que les
Grandes-Compagnies étaient rentrées en France et qu'elles
ne tarderaient pas sans doute à y reprendre leurs brigan-
dages. Il regrettait d'avoir engagé sa parole de ne pas
chercher à fuir, quand, un jour, sa bonne étoile le mit
en présence du prince de Galles.

— Eh ! comment vous trouvez-vous, Bertrand ? dit
Edouard.

— Par ma foi, monseigneur, je suis las d'entendre le
chant des souris de Bordeaux, et j'irais joyeusement ouïr
celui des rossignols de mon pays ; mais on dit partout

que je suis le premier chevalier du monde et que vous n'osez me mettre à rançon.

— Jurez-moi, brave Bertrand, de ne jamais porter les armes contre mon père ni contre moi, et vous serez libre à l'instant, sans qu'il vous en coûte une obole de rançon, dit le prince.

— Monseigneur, répliqua Bertrand, mon devoir est de combattre contre tous les ennemis de mon roi, et j'aime mieux mourir en prison que de prêter un serment qui me déshonorerait.

— Je m'attendais à cette réponse, dit le Prince Noir en souriant. Il faut donc que je vous mette à rançon ?

— Je suis un pauvre chevalier, monseigneur; mais dites quelle somme vous exigez, et, si je ne puis la fournir, je resterai votre prisonnier

— Fixez-la vous-même à si petit prix que vous voudrez; car je ne la demande que par pure formalité.

— Eh bien ! dit Bertrand, je paierai 100,000 doubles d'or.

— Cent mille doubles d'or ! s'écria le prince. Mais c'est la rançon d'un roi.

— Je ne puis me taxer à moins, après avoir eu l'honneur de commander les armées de mon très-gracieux sire, Charles V, et de monseigneur le roi de Castille.

— C'est trop, répliqua le prince, non pour votre mérite, vaillant du Guesclin, mais pour ma réputation. Je ne veux pas qu'on puisse m'accuser d'avoir impitoyablement rançonné le meilleur chevalier de la chrétienté.

— Nous mettrons donc 70,000, dit Bertrand; mais c'est tout ce que j'en puis rabattre.

— Comment ferez-vous pour acquitter une telle somme ?

— Le roi de France et Henri de Transtamare, que je remettrai sur le trône, ne me laisseront pas prisonnier pour si peu de chose. Sachez, d'ailleurs, qu'il y a en Bretagne cent chevaliers qui vendraient leurs terres pour la payer, et qu'il n'y a ni en Bretagne ni en France une femme qui ne voulût filer pour la compléter.

Le prince et sa cour furent ravis de cette noble fierté.

La princesse de Galles, qui était alors à Angoulême, ayant appris que du Guesclin avait recouvré sa liberté, écrivit à son mari pour le prier de retenir le chevalier jusqu'à ce qu'elle fût arrivée à Bordeaux, et elle fit la route en toute diligence. Les notables de la ville, accourus à sa rencontre, lui offrirent, suivant l'usage, un riche présent, consistant en vins et en confitures. La princesse demanda si l'on avait rendu les mêmes honneurs à du Guesclin, quand on avait appris sa délivrance ; et, comme on lui répondit qu'on s'était contenté de l'en féliciter, elle ordonna que tout ce qui venait de lui être présenté fût aussitôt porté au logis du chevalier. L'officier chargé de faire agréer ce présent à Bertrand devait en même temps l'inviter à dîner le lendemain chez la princesse.

Elle le força de prendre place à table auprès d'elle. Le repas étant achevé, elle le pria d'accepter 30,000 florins d'or, pour commencer le paiement de sa rançon. Bertrand, ne pouvant s'en défendre, se jeta aux pieds de la princesse et lui dit :

— J'ai cru jusqu'ici, Madame, être le plus laid chevalier qu'il y eût en France ; mais il faudra bien que je prenne meilleure opinion de ma personne, puisque la plus belle et la plus noble main du monde me fait un tel présent.

Du Guesclin employa une partie de cette somme à s'acquitter envers deux seigneurs anglais qui lui avaient offert leur bourse pour payer ce qu'il devait dans la ville de Bordeaux, et l'autre à délivrer les soldats bretons qui y étaient encore prisonniers.

Après avoir été fêté par le prince et par ses principaux chevaliers, Bertrand prit la route du Languedoc.

Cette province appartenait au duc d'Anjou, frère du roi. Bertrand le trouva occupé au siége de Tarascon, qu'il voulait enlever à Jeanne de Naples.

— Je suis un prisonnier en quête de sa rançon, lui dit du Guesclin ; mais si je n'ai pas le droit de m'armer, je combattrai du moins pour vous avec mes deux poings.

Le duc sourit et lui répondit :

— Mon brave Breton, vous êtes un homme de bon conseil, plus capable que personne d'avancer mes affaires, quoique vous soyez sans armes.

Bertrand prouva que le prince l'avait bien jugé ; car il se rendit auprès du gouverneur de Tarascon et le décida à remettre au duc d'Anjou les clefs de la place, afin que le sang innocent fût épargné. La ville avait tenu longtemps déjà ; les assiégeants, irrités, eussent peut-être un peu sacrifié au désir de la vengeance ; mais Bertrand plaida si bien la cause des assiégés, que le duc lui dit :

— Messire Bertrand, je vous les donne ; disposez d'eux selon votre bon plaisir.

Du Guesclin prit les enseignes du duc, les planta lui-même sur la porte principale, rassura toute la population, à laquelle il ne fit aucun mal, et quitta le duc, après en avoir reçu 30,000 florins d'or pour sa rançon.

Bertrand fut accueilli avec la plus grande courtoisie à Niort et à Poitiers, quoique ces villes appartinssent aux Anglais. Comme on peut le croire, les Français ne lui rendirent pas moins d'honneurs. Le roi le reçut avec les plus grands témoignages d'estime et d'amitié. Après l'avoir retenu pendant quelques jours, il lui permit d'aller en Bretagne travailler à sa rançon. Bertrand envoya un de ses officiers demander au duc Jean de Montfort, contre lequel il avait vaillamment combattu, s'il ne lui déplairait pas que du Guesclin rentrât dans son duché. Jean répondit qu'un si brave chevalier était le bienvenu sur ses terres.

Bertrand se rendit donc à la Roche-Derrien, où était sa femme. Quelques jours après son arrivée, il lui dit qu'il allait partir pour le Mont-Saint-Michel, où, après sa première campagne en Castille, il avait déposé une somme de 100,000 fr.

— Ne comptez pas sur cet argent, messire, lui répondit la noble dame, ni sur les revenus de vos terres et seigneuries, ni sur vos meubles ou votre vaisselle, ni même sur mes bagues et autres joyaux. J'ai tout vendu ou engagé pour secourir ou récompenser ceux qui ont servi sous vos ordres et vous en faire à l'avenir de fidèles défenseurs.

— Et bien vous avez fait, madame, dit Bertrand tout ému : l'acquisition d'un vaillant homme est préférable à celle d'une seigneurerie. Je m'adresserai à mes amis, et ils m'aideront de tout leur pouvoir.

En effet, les plus illustres gentilshommes bretons, étant accourus à la Roche-Derrien pour voir du Guesclin, lui offrirent tout ce dont ils purent disposer. Mais en arrivant à la Rochelle, Bertrand n'avait plus rien des sommes qu'ils lui avaient remises, tant il avait rencontré de gentilshommes prisonniers. Il payait leur rançon, les équipait, et leur ordonnait d'aller l'attendre en Languedoc. Il fut obligé, pour continuer son voyage, d'emprunter de l'argent à plusieurs banquiers de la ville.

Le prince de Galles le reçut à merveille quand il arriva à Bordeaux, et le félicita sur la promptitude avec laquelle il était parvenu à compléter sa rançon.

— Il est vrai, monseigneur, dit Bertrand, que j'ai trouvé plus d'argent qu'il ne m'en fallait pour m'acquitter envers vous ; mais j'ai rencontré tant de pauvres soldats ou gentilshommes qui n'avaient pas le moyen de se racheter, qu'il ne me reste pas une obole des 70,000 florins d'or que je vous apportais.

— Comment donc nous arrangerons-nous ? demanda le prince.

— Je n'ai pas oublié le chemin de ma prison. J'y vais retourner, en attendant que de nouveaux fonds me soient envoyés.

— Demeurez avec nous sur votre parole, dit le prince ; votre rançon viendra quand elle pourra.

— Je crois qu'elle ne se fera pas attendre, monseigneur,

dit au prince un des chevaliers anglais. Le pape, le roi de France, le roi d'Aragon et don Henri ne laisseront pas longtemps messire Bertrand dans vos mains.

Le lendemain même, au moment où le prince était à table, on vint l'avertir que des personnes inconnues, chargées de la rançon de du Guesclin, demandaient à la lui remettre sans retard. Il donna ordre qu'on les introduisît et reçut les 70,000 florins d'or. Les envoyés s'approchèrent ensuite de Bertrand, qui dînait à une table voisine, et lui dirent qu'ils tenaient à sa disposition une somme plus considérable encore. Le bon chevalier traita alors de la rançon de tous les prisonniers qui restaient encore à Bordeaux, tant Français et Castillans que Bretons ; puis, après avoir remercié le prince de Galles des bons traitements qu'il en avait reçus, il partit pour le Languedoc, où ses troupes s'étaient rassemblées, et de là pour l'Espagne.

Henri, suivant le conseil que Bertrand lui avait donné, était déjà rentré en Castille. Il fut reçu comme un libérateur par la plus grande partie de la population ; et beaucoup de places lui ouvrirent leurs portes. La ville de Tolède lui ayant refusé soumission, il en fit le siége. Désespérant de la prendre d'assaut, il la bloqua étroitement, afin de s'en rendre maître par la famine.

Pendant que la ville tenait en haleine les troupes de don Henri, Pierre le Cruel réunissait ses forces. Il était déjà à la tête de trente mille hommes quand il lui arriva dix mille Africains. Don Fernand de Castro lui conseilla de les camper et de les fortifier près de l'armée qui assié-

geait les Tolédans, afin de lui couper les vivres et de la réduire bientôt à la même extrémité que la ville.

Pierre, ayant reconnu la sagesse de cet avis, se mit aussitôt en devoir de le suivre. Il n'était pas très-éloigné de Tolède quand du Guesclin, après avoir échappé à toutes les embuches que lui avait tendues le roi de Navarre au passage des Pyrénées, apprit que don Pèdre s'avançait à grandes journées vers l'armée de son frère. Après s'être assuré des forces et de la position de ce prince, Bertrand écrivit à don Henri pour l'informer de ce qui se passait, le prier de se rendre en diligence avec ses meilleures troupes en un lieu où il lui assurait que Pierre se trouverait, et de le faire charger immédiatement par les Français et les Bretons qui étaient avec lui devant Tolède.

Don Henri, enchanté d'apprendre enfin l'arrivée de du Guesclin, et plein de confiance en sa sagesse, suivit de point en point les instructions qu'il lui donnait. Il marcha sans bruit toute la nuit, et arriva au point du jour sur une colline d'où il put apercevoir l'armée de don Pèdre, campée dans la plaine. Aux cris de joie que poussèrent les nouveaux venus, Pierre comprit que les gens de du Guesclin, qui depuis quelques jours battaient la campagne, avaient prévenu son frère, et qu'il allait avoir deux ennemis sur les bras; cependant, il ne laissa rien paraître de son inquiétude, et, après avoir harangué les siens, il les rangea en bataille.

Don Henri fondit aussitôt sur lui; mais il fut reçu avec le courage du désespoir. On fit de part et d'autre des merveilles, et la victoire fût peut-être demeurée douteuse, si Bertrand, qui s'était approché de son côté, n'eût pris en flanc l'armée de don Pèdre. Cette diversion ranima le courage des troupes de Henri et abattit celui des défenseurs de son frère. Pierre les rallia plusieurs fois et les fit retourner au combat; mais ses plus fidèles amis étant tombés autour de lui et l'amiral sarrasin ayant été tué, il ordonna au petit nombre de soldats qui lui restaient de se sauver comme ils pourraient.

Lui-même passa plusieurs jours à errer dans les bois de la Castille, sans oser se montrer même à ses amis, tant il avait honte de l'état d'abaissement dans lequel il se trouvait. Cependant Fernand de Castro parvint à rallier une armée de deux mille hommes et en fit donner avis à son maître, en lui disant que ces deux mille hommes déterminés suffiraient pour attaquer les troupes de don Henri, fatiguées d'une longue marche.

Pierre se rattacha à cet espoir ; mais il fut encore déçu, grâce à l'habileté et à l'audace de du Guesclin. Les derniers défenseurs de don Pèdre furent tués ou dispersés ; lui-même ne dut la vie qu'à la vitesse de son cheval, qui le déroba à la poursuite des ennemis. Il arriva, suivi d'un seul écuyer, au bord de la mer, et prit passage sur un petit bâtiment qui se rendait en Afrique. Le patron, ayant appris qui il était, voulut le faire jeter à la mer ; mais un marchand juif, qui était au nombre des passagers, le sauva, en payant pour lui une rançon considérable.

Don Henri alla retrouver les troupes qu'il avait laissées autour de Tolède et pressa le siège de cette ville. Réduite à la famine, elle était sur le point de se rendre, quand on y apprit que Pierre revenait à la tête d'une armée formidable. Les princes maures d'Afrique avaient, en effet, donné au roi fugitif vingt mille Sarrasins et en tenaient encore quarante mille à sa disposition ; car ils savaient qu'après avoir affermi le pouvoir de don Henri, les Grandes-Compagnies fondraient sur eux. Cette nouvelle ranima le courage des partisans de Pierre ; ils se réunirent aux environs de Séville et y attendirent les renforts promis.

Du Guesclin offrit à Henri d'aller au-devant des Sarrasins. Il prit les Français, les Bretons et seulement quelques Espagnols, qu'il envoya, déguisés en paysans, pour étudier les mouvements des ennemis. Il s'avança jusqu'à Cadix, où les Maures ne tardèrent point à débarquer. Bertrand leur laissa le temps de mettre à terre leurs tentes et leurs vivres, puis il les attaqua et remporta sur eux une victoire complète. Pierre parvint encore à lui échapper, et l'on apprit, peu de temps après, qu'il se disposait à venir au secours de Tolède avec quatre-vingt mille hommes. Quelques officiers du nouveau roi en furent alarmés ; mais Bertrand leur dit :

— Réjouissez-vous plutôt. Si les infidèles viennent se faire battre ici, nous n'aurons pas la peine de les aller chercher dans leur pays.

Interrogé par le roi sur ce qu'il y avait à faire, il conseilla d'aller au-devant des ennemis. Henri, que la funeste bataille de Navarette avait convaincu de la sagesse de son connétable, le chargea de commander en chef l'expédition, dont lui-même faisait partie.

Les deux armées se rencontrèrent le 13 août 1369, non

loin du château de Montiel. Le combat fut terrible et dura presque toute la journée. Quoique les troupes de don Pèdre fussent beaucoup plus nombreuses que celles de son frère, elles furent défaites ; et le Cruel, réduit à fuir encore une fois, fut si vivement pressé par les Bretons, qu'il se jeta dans le château de Montiel. Ceux-ci l'investirent aussitôt, et firent si bonne garde, que don Pèdre tomba entre leurs mains, en essayant de s'échapper. Il fut conduit à la tente du chevalier français Bègues de Vilaine, où Henri de Transtamare accourut aussitôt.

Une lutte affreuse s'engagea entre les deux frères. Pierre, s'étant précipité sur son vainqueur, allait le percer de sa dague, quand le vicomte de Roquebertin prit le pied de ce furieux et le renversa de manière à ce que le roi Henri se retrouvât dessus. Celui-ci, tirant alors son poignard, l'enfonça dans la gorge de Pierre le Cruel.

Cette mort consterna tous les spectateurs ; Henri en fut affligé, quoiqu'elle le délivrât d'un terrible ennemi et le rendît paisible possesseur du trône de Castille.

Il pardonna à tous ceux qui avaient combattu contre lui et regarda dès lors tous ses sujets comme ses enfants.

VIII.

La guerre que le Prince Noir avait entreprise pour rétablir don Pèdre sur le trône lui avait été doublement fatale. D'abord, il avait contracté, pendant son séjour en Espagne, le germe d'une maladie mortelle; puis il avait été obligé, pour équiper et entretenir une si nombreuse armée, d'épuiser ses finances et même de vendre ses meubles et son argenterie.

Rentré dans son duché d'Aquitaine, il voulut y établir de nouveaux impôts. Cette exigence réveilla l'antipathie que la province nourrissait contre les Anglais.

Plusieurs barons du pays portèrent plainte au roi Charles V, et le prince de Galles fut cité devant la cour des pairs.

— Nous irons, répondit-il; mais ce sera le bassinet (casque) en tête, et soixante mille hommes en notre compagnie.

Ni le roi d'Angleterre ni son fils n'ayant comparu devant la cour des pairs, un arrêt de cette cour les déclara déchus de ce qu'ils possédaient en France.

Charles V se préparait depuis longtemps à la guerre, qui ne pouvait manquer d'éclater alors. Il rappela du Guesclin, qui était encore en Espagne, et qui s'empressa d'obéir.

Le duc d'Anjou avait rassemblé une petite armée dont il remit le commandement à du Guesclin. Celui-ci, se voyant à la tête de dix mille hommes, reprit aux Anglais un grand nombre de places, entre autres Moissac, Agen, Aiguillon, Port-Sainte-Marie. Il eût poussé plus loin ses succès; mais les seigneurs auxquels ces forces appartenaient ne voulurent pas les risquer dans une expédition plus importante, parce qu'ils craignaient d'en avoir bientôt besoin pour leur propre défense.

Bertrand n'avait plus que les deux mille soldats qu'il avait ramenés d'Espagne, quand le duc de Berry, frère du roi, l'appela à son aide. Ce prince assiégea Limoges. La place se défendant bien, il était à croire que les Anglais auraient le temps de venir la délivrer et qu'ils pourraient ensuite entrer dans le Berry. Du Guesclin se mit aussitôt en marche. Périgueux lui fit une magnifique réception. Pendant que ses hommes y prenaient quelque repos, Bertrand, ayant aperçu, du haut de la tour où il avait voulu monter, une abbaye sur laquelle flottait le drapeau anglais, proposa à ceux qui l'accompagnaient d'aller y replacer l'étendard du roi de France. La proposition fut acceptée; et le gouverneur ayant refusé de se rendre, l'abbaye fut emportée.

Du Guesclin rejoignit ensuite le duc de Berry; il se fit rendre compte de l'état de la place assiégée, et, avant de donner un nouvel assaut, il s'avança en parlementaire jusqu'aux portes de Limoges. Il invita les habitants à se rendre, pour sauver leurs familles et leurs biens de la fureur du soldat; il leur dit qu'il arrivait d'Espagne, avec des gens habitués à forcer des places plus importantes que la leur, mais qu'avant de donner le signal de l'attaque, il avait voulu, par compassion pour les innocents renfermés dans leurs murs, tenter auprès d'eux cette dernière démarche.

La terreur qu'inspirait le nom de du Guesclin était si grande parmi les Anglais, que, deux heures après, l'évêque de Limoges venait apporter au duc de Berry les clefs de la place.

Le prince de Galles, furieux de la perte de cette place, jura qu'il y rentrerait et lui ferait payer cher sa trahison. Il tint parole; car plus de trois mille personnes, hommes, femmes et enfants, y furent passés au fil de l'épée. Ce triste exploit fut le dernier du Prince Noir. Déjà malade alors, il languit encore quelques années et retourna en Angleterre pour y mourir.

Du Guesclin, continuant sa route, était arrivé à Paris.

Le roi l'entretint de l'état du royaume, de ce qu'il voulait faire contre les Anglais, et le retint à souper avec lui.

— Mon brave Bertrand, lui dit-il, avant de le quitter, le seigneur de Fiennes, mon connétable, accablé d'ans et d'infirmités, m'a remis son épée, en me conseillant

de vous la confier. C'était déjà mon dessein, et, en attendant votre retour, j'en ai rendu mon frère, le duc de
Bourgogne, dépositaire. Je la lui redemanderai demain,
et, après avoir pris l'avis de mon conseil, c'est en vos
mains que je la remettrai.

Bertrand se défendit d'accepter un si grand honneur,
et pria le roi d'en charger plutôt quelque prince de son
sang.

— Messire Bertrand, reprit Charles, vous avez acquis
par votre valeur et vos vertus une si grande considéra-
tion, que personne, dans mon royaume, ne fera de difficulté de vous obéir, ni les plus grands seigneurs, ni les
princes de mon sang, ni mes neveux, ni mes frères.
Acceptez donc la charge que je vous offre comme au
plus digne ; je le veux et je vous en prie.

Le lendemain, du Guesclin se rendit au lever du roi,
et le trouva inébranlable dans sa résolution.

Le conseil fut assemblé, et Charles déclara qu'il avait
jeté les yeux sur Bertrand du Guesclin pour commander
en chef à ses armées, mais qu'il souhaitait d'avoir à ce
sujet l'avis des plus illustres personnages de son
royaume.

Tous approuvèrent ce choix, et Bertrand, alors intro-
duit, fut salué d'acclamations unanimes. Il se mit à genoux devant le roi, reçut l'épée de connétable, et, la
tirant hors du fourreau, jura qu'il ne l'y remettrait
qu'après avoir chassé les Anglais du royaume.

Le prévôt de Paris, le prévôt des marchands, celui
des échevins et le recteur de l'Université, qui avaient
été appelés ce jour-là au conseil du roi, n'eurent pas

plus tôt répandu cette nouvelle dans la ville, que des démonstrations de joie éclatèrent de toutes parts. Pendant plusieurs jours des fêtes furent données en l'honneur du connétable, qui déjà s'occupait activement de préparer ses succès futurs.

Bertrand se rendit à Pontorson, d'où il fit publier en Bretagne qu'il avait besoin de gens de guerre. Il vit bientôt accourir autour de lui tous ses anciens amis et tant d'autres, qu'Olivier de Clisson, qui avait abandonné le parti des Anglais et qui s'était fait le frère d'armes de du Guesclin, lui reprocha d'engager plus de soldats qu'il n'en pourrait nourrir.

— Ces braves gens n'ont pas d'autre métier que la guerre, répondit Bertrand ; si je ne les emploie pas, ils tomberont dans la misère et pilleront le paysan pour ne pas mourir de faim. Je sacrifierai volontiers, pour les équiper, mes meubles et les joyaux de ma femme ; car, si Dieu me protége, les Anglais me paieront tout cela et me feront vivre, moi et les miens.

Avant de marcher à l'ennemi, Bertrand voulut donner un grand festin à tous les gentilshommes qui allaient servir sous ses ordres. La table était couverte de vaisselle d'or qui avait appartenu au roi don Pèdre, et les seigneurs admiraient fort cette magnificence. Le repas terminé, Bertrand se fit apporter ce riche service, toute son argenterie et les bijoux de Mme Tiphaine ; il en fit divers lots et les distribua à ses soldats, en leur disant :

— Mes amis, je vous fais présent de tout ce que j'ai, en attendant que vous ayez gagné ce que nos ennemis

possèdent. Allez vous reposer et soyez prêts à marcher
demain, au point du jour.

Du Guesclin commença par délivrer la ville du Mans,
que les Anglais inquiétaient, et se rendit ensuite à Vire.
Il y reçut un héraut chargé de lui offrir la bataille, de la
part de Thomas Grandson, qui commandait les Anglais,
en l'absence de Robert Knolles, et qui désirait ardemment se distinguer par quelque brillant fait d'armes
contre le connétable.

Pendant que plusieurs de ses gens buvaient et man-
geaient avec le héraut, du Guesclin se mit en route avec
sa petite armée, et, marchant toute la nuit, malgré le
froid et la pluie, il arriva sur les Anglais, qui le croyaient
bien loin.

Il prit ses mesures avec tant de sagesse, que, malgré
la valeur des ennemis, son succès fut complet. Grandson, se voyant vaincu et ne voulant pas survivre à sa
défaite, s'arma d'une lourde hache, et, la tenant élevée
à deux mains, il se mit à la recherche du connétable.
Dès qu'il l'eut aperçu, il s'élança pour le frapper; mais
Bertrand évita le coup, terrassa son adversaire, et, lui
appuyant sa dague sur la poitrine, il le somma de se
rendre; ce que Grandson fit aussitôt.

Cette victoire remportée à Pont-Valain eut pour résultat la dispersion d'un grand nombre de troupes anglaises, qui désiraient passer tranquillement l'hiver
dans les places qu'elles possédaient. Bertrand, bien décidé à ne pas leur laisser de trève, alla d'abord attaquer le château du Vas, où s'étaient réfugiés les vaincus
de Pont-Valain. Il s'avança jusqu'au bord du fossé et

invita le gouverneur à lui ouvrir les portes de la forteresse, s'il ne voulait avoir à lutter contre les plus vaillants et les plus illustres chevaliers de toute la Bretagne.
Le gouverneur répondit qu'il ne les craignait point, et
s'oublia jusqu'à appeler familièrement du Guesclin son
cher ami.

— Je vous apprendrai, lui dit Bertrand, à parler à
un connétable de France avec le respect qu'on lui doit.
Mes enfants, ajouta-t-il en s'adressant à ses soldats, il
y a là-dedans de quoi faire grand'chère; il y a de bons
lits pour nous coucher, de belles étoffes pour nous
vêtir; mais il faut nous dépêcher d'y entrer, afin que le
dîner soit encore chaud quand nous arriverons à table.

Quelques heures plus tard, il était maître de la forteresse. De là, il se dirigea vers l'abbaye de Saint-Maur,
sur le bord de la Loire, et reçut en passant les clefs de
plusieurs châteaux.

L'abbaye de Saint-Maur, très-forte par sa position et
par ses murailles, était commandée par un brave chevalier nommé Cressonnailles, que Bertrand avait connu
en Espagne. Ne voulant faire le siége de la place qu'à la
dernière extrémité, du Guesclin envoya un héraut au
gouverneur, avec ordre de lui dire qu'il serait heureux
de renouveler connaissance avec lui, et le priait de le
venir voir dans son camp. Cressonnailles s'y rendit et
convint avec le connétable de lui rendre l'abbaye douze
jours plus tard, si, avant ce délai, il n'était pas secouru.
Sur la foi de ce traité, Bertrand s'éloigna; mais les Anglais, voyant cela, sortirent tous de la place, y mirent le
feu et envoyèrent dire à du Guesclin que, pour ne pas

abuser de sa patience, ils se retiraient avant l'époque convenue.

Le connétable, irrité de ce manque de parole, se mit à leur poursuite, les atteignit près de Bressuire, et les tailla en pièces. Il s'approcha alors de cette ville, et le gouverneur lui épargna la peine de parler.

— Je sais, lui dit-il, ce que vous venez demander; mais je m'en rapporte à vous-même, messire Bertrand. J'ai de vaillants hommes de guerre, une forteresse en état de résister, des vivres et des munitions en abondance; que feriez-vous à ma place?

— S'il faut vous parler franchement, répondit du Guesclin, je ne me rendrais pas. Vous êtes un brave homme, et je regretterais de vous faire du mal. Arrangeons-nous donc, je le veux bien : fournissez-moi des vivres, je vous les paierai et je continuerai mon chemin.

— Si j'avais des vivres empoisonnés, assez pour faire périr tous les Français, je vous les donnerais, répliqua l'Anglais. Mais je n'en ai pas. Passez votre chemin.

Cette insolente réponse amena la prise et le pillage de Bressuire. Les soldats y trouvèrent d'excellentes provisions, et s'y installèrent pendant que le connétable se rendait à Saumur pour délibérer sur ce qu'il convenait de faire; car il avait appris que les troupes de Robert Knolles, ayant été congédiées, se disposaient à repasser en Angleterre, et que des vaisseaux les attendaient sur les côtes de Bretagne.

Il fut arrêté dans le conseil que les seigneurs de Clisson, de Rohan et plusieurs autres qui avaient des terres en Bretagne, s'y rendraient, comme pour y passer le

reste de l'hiver, et qu'ils y tiendraient des troupes prêtes
à tomber sur les Anglais, à mesure qu'ils arriveraient
pour s'embarquer. Ce plan réussit à merveille, et les
vaisseaux envoyés d'Angleterre y retournèrent sans emmener personne.

Quelques jours après avoir appris cette nouvelle, Bertrand reçut deux courriers, l'un du roi de Castille,
l'autre du roi de France. Le premier lui apportait des
lettres par lesquelles Henri II remerciait son meilleur
ami, lui confiait tout ce qui était arrivé en Espagne
depuis son départ, lui demandait des conseils et le
priait d'agréer, en témoignage de sa reconnaissance, le
présent qu'il lui envoyait. Le second venait apporter au
connétable l'ordre de licencier ses troupes et de se rendre
à Paris pour se concerter avec le roi sur la campagne
suivante.

— Vous avez apporté de l'argent? lui demanda du
Guesclin. Il y a longtemps que mes soldats n'ont rien
reçu, et le roi ne veut pas, sans doute, que je les con-
gédie sans les payer?

— De l'argent, monseigneur, répondit le courrier, je
n'en ai même pas pour retourner à Paris, et j'ai compté
sur votre bonté pour me faire quelques avances.

— Je ne puis, reprit du Guesclin, renvoyer ces gens-
là sans les payer : ce serait les mettre dans la nécessité
de ruiner les campagnes et de maltraiter le pauvre
peuple. Il n'est pas juste, d'ailleurs, que ceux qui
risquent leur vie pour la défense du pays soient si mal
récompensés de leurs services, tandis que les deniers
publics sont exploités par des traitants. Cette manière de

faire la guerre n'est pas de mon goût. Si le roi n'y remédie, je lui remettrai mon épée et me retirerai en Espagne.

En même temps il fit signe au courrier de Henri II.

— Où est le présent que m'envoie votre maître? lui demanda-t-il.

Deux mulets chargés d'or et de pierreries furent aussitôt amenés devant lui. Bertrand mit en réserve quelques bijoux, qu'il voulait garder en souvenir du prince qui les lui offrait, et distribua tout le reste aux capitaines et aux soldats.

L'envoyé de Charles V rendit compte au roi de sa mission, et lui répéta les paroles que, dans son mécontentement, Bertrand avait laissé échapper.

— Notre Breton me quitterait comme il le dit, si je ne lui ouvrais mes coffres, dit le roi à l'un de ses courtisans.

— Sire, vous ne pourriez faire une plus grande perte, répondit celui-ci; car vous n'aurez jamais un pareil ouvrier.

Charles V reçut bien le connétable, lui témoigna toute sa satisfaction, et, voulant s'expliquer avec lui au sujet des finances, il lui dit qu'il était presque impossible de se procurer de l'argent.

— Sire, il en faut pourtant trouver, répondit Bertrand; mais si vous voulez me laisser faire, vos coffres seront bientôt pleins sans que je foule le pauvre peuple.

Il expliqua ensuite au roi comment il s'y prendrait. Quoique Charles ne fût peut-être pas décidé à suivre sa méthode, il promit au connétable que désormais ses troupes ne manqueraient de rien.

IX.

Après avoir passé trois mois à la cour, du Guesclin
ordonna à son armée, qui s'était réunie à Saumur, de
venir le trouver en Berry, car il voulait commencer par
chasser les Anglais du Limousin et de l'Auvergne, où ils
possédaient quelques places.

Il attaqua d'abord la ville d'Uzès, dont ils s'étaient emparés pour se procurer une entrée en Languedoc, et dont
ils avaient fait leur place d'armes. La garnison en étant
très-nombreuse, Bertrand renonça à prendre la ville
d'assaut et se contenta de la faire bloquer étroitement
pour l'affamer. Il n'y laissa que le nombre de troupes
nécessaire et tint la campagne avec les autres. Il s'empara de plusieurs châteaux, fit rentrer le pays sous
l'obéissance du roi, et prit les plus sages mesures pour

que la place d'Uzès ne pût être secourue. Cela fait,
il y amena de l'artillerie et en poussa le siége avec
vigueur.

Les assiégés, en proie à la disette et ne pouvant plus
suffire à réparer les brèches faites à leurs murailles,
voyaient avec terreur arriver l'instant où les soldats por-
teraient partout le fer et la flamme. Du Guesclin, qui
n'avait jamais oublié les devoirs de l'humanité, voulut
sauver ces pauvres gens et fit prier le gouverneur de se
rendre. Celui-ci, se voyant dans l'impossibilité de résister,
fut touché de la générosité du connétable et consentit à
lui remettre sa ville, au nom du roi, avec tout ce qu'il
avait de munitions et d'armes.

Sur ces entrefaites, le Prince Noir fut remplacé dans
le gouvernement de la Guienne par le duc de Lancastre,
son frère. Ce prince reprit le château de Montpaon, dont
quelques braves chevaliers bretons s'étaient emparés. Il
voulait tirer vengeance de leur héroïque défense ; les
seigneurs anglais l'en détournèrent, en lui disant que s'il
sacrifiait ces vaillants hommes à son ressentiment, les
Français useraient de représailles, et que la guerre en
deviendrait plus terrible.

Lancastre, peu satisfait de ce médiocre succès, pria
son père de le rappeler. Edouard III lui désigna pour
successeur le comte de Pembroke, auquel il donna, pour
passer en Guienne, des forces considérables. Charles V,
averti du moment où le nouveau gouverneur devait
prendre la mer avec ses troupes, envoya une escadre dans
la Manche et une autre près de la Rochelle, pour attaquer
ces renforts. Celle de la Manche ne put joindre les

Anglais ; elle fit seulement une descente à l'île de Guer-
nesey, qui leur appartenait. La seconde escadre fut plus
heureuse ; elle combattit pendant deux jours contre la
flotte ennemie, prit ou coula tous ses vaisseaux, et fit
prisonniers le comte de Pembroke et plusieurs autres
seigneurs.

Du Guesclin, chargé de recueillir le fruit de cette
victoire, s'empara de Montmorillon et arriva devant
Poitiers, après avoir reçu la soumission de diverses
places. Il ne s'arrêta pas à faire le siége de cette ville ;
car il n'avait pas de temps à perdre pour gagner la
Rochelle, qui devait être attaquée à la fois par terre et
par mer.

Il envoya Olivier de Clisson avec trois cents lances
assiéger Moncontour, place très-forte et abondamment
fournie de toutes choses. Olivier perdit beaucoup de
monde sans avancer en rien ses affaires. Il crut devoir
en informer du Guesclin et lui fit dire en même temps
que les assiégés avaient fait pendre, au bout d'une corde,
l'écu sur lequel étaient gravées les armoiries du connétable. Il ajouta que la raison de cette injure était une
dette contractée par lui, Bertrand, quelques années
auparavant et non encore acquittée.

Du Guesclin, après avoir réfléchi quelques instants, se
rappela qu'il avait fait à un pauvre gentilhomme breton
qui n'avait pas de quoi payer sa rançon, une obligation
par laquelle il lui donnait hypothèque sur tout son bien.
Il ne s'en était pas occupé depuis, persuadé que ce gentilhomme avait eu assez d'honneur pour s'acquitter. Il
entra dans une grande colère, à la nouvelle de l'insulte

faite à son écusson ; il jura qu'il ne boirait ni ne mangerait qu'il ne fût entré dans la place et n'eût fait pendre l'insolent au lieu même où celui-ci avait pendu ses armoiries.

Les capitaines et les soldats partagèrent son indignation et demandèrent à marcher aussitôt. Ils attaquèrent la ville avec une fureur et un mépris du danger qu'on ne leur avait encore jamais vus, tant l'affection qu'ils portaient au connétable les avait rendus sensibles à son injure. Les Anglais se défendirent avec un courage intrépide ; mais leurs murailles furent forcées par ces lions irrités, et le carnage commença. Du Guesclin accourut et défendit qu'on tuât un seul des vaincus ; il se fit seulement amener celui qui l'avait outragé et le livra au conseil de guerre, qui confirma la sentence prononcée par le connétable.

La prise de Moncontour jeta la terreur dans Poitiers. Si du Guesclin eût pu se présenter devant cette ville avant qu'elle eût reçu des renforts, elle lui eût infailliblement ouvert ses portes ; mais la défense du roi à cet égard était formelle, et avant que Bertrand eût pris sur lui de l'enfreindre, des secours y étaient arrivés.

Le duc de Berry, qui voulait chasser les Anglais du Limousin, appela le connétable à son aide. Bertrand partit sans retard et trouva les Français assiégeant Sainte-Sevère, place très-forte, défendue par d'illustres capitaines et de vaillantes troupes. Malgré la présence du duc de Berry et du duc de Bourgogne, tous deux frères du roi, il prit, selon son droit, le commandement en chef. Il alla lui-même sommer les Anglais de se rendre.

— Faites le tour de la place, messire Bertrand, lui répondit le gouverneur, et tout connétable de France que vous êtes, vous reconnaîtrez que nos murailles sont trop hautes et vos échelles trop courtes pour que nous nous rendions.

Du Guesclin profita de la permission qu'on lui donnait. N'ayant découvert aucun endroit faible, il répondit :

— La place est bonne. Si la garnison vaut les murailles, il y aura de l'honneur à s'en rendre maître d'ici à quatre jours.

Le lendemain, il envoya sommer de nouveau les Anglais de se rendre ; car il voulait leur faire croire qu'il hésitait à les attaquer. Cette sommation fut reçue comme il l'avait prévu. Il fit aussitôt donner un assaut général ; les Anglais se défendirent si bien, que la nuit vint sans rien amener de décisif. Un jour de repos était nécessaire aux soldats, mais une circonstance imprévue les empêcha d'en jouir. Geoffroy Payen, gentilhomme breton, étant allé, vers l'heure de midi, se promener avec quelques-uns de ses amis sur le bord du fossé, comme pour braver les assiégés, planta en terre la hache qu'il portait à sa ceinture et dont le poids l'embarrassait ; mais il s'était à peine éloigné de quelques pas, que cette hache se détacha et roula dans le fossé.

Geoffroy s'élança pour la ressaisir. Ne pouvant arriver à temps et ne voulant pas perdre cette arme à laquelle il tenait beaucoup, il donna la main à l'un de ses compagnons ; celui-ci la donna à un autre, et, au moyen de

cette chaîne, il atteignit le fond du fossé. Mais quand il
eut retrouvé sa hache, il fallut remonter, et, le fossé
étant encaissé par un parapet droit, il ne put y réussir.
Les gentilshommes appelèrent quelques soldats qui passaient et leur ordonnèrent d'aller chercher en toute hâte
une échelle ; car ils s'attendaient à être faits prisonniers,
si quelque moyen de sauvetage n'arrivait promptement.

Ce fut à qui apporterait la première échelle, si bien
qu'il s'en trouva un grand nombre. Geoffroy et ses compagnons, que les assiégés avaient raillés, tournèrent har-
diment contre la muraille celle qu'on leur descendit, et
ils s'y élancèrent. Les gens accourus pour les secourir en
firent autant, et la nouvelle s'en étant répandue dans le
camp, toute l'armée arriva. Du Guesclin soutint ses
braves troupes, et quelques heures plus tard la place
tombait en leur pouvoir.

Il en était temps ; car le captal de Buch arrivait au
secours des Anglais.

Le soir même de cette victoire, le connétable reçut
des lettres par lesquelles les principaux habitants de
Poitiers lui offraient de se soumettre au roi et l'invitaient
à venir à eux dans le plus court délai. Bertrand prit avec
lui trois cents hommes seulement, fit répandre le bruit
qu'il allait attaquer le captal et prit la route du Poitou.
Grâce à cette ruse, le corps menacé se retrancha dans
une bonne position et n'inquiéta nullement le connétable
pendant son voyage.

Les Anglais, pour délivrer Sainte-Sevère, avaient dé-
garni Poitiers, et c'était en leur absence que les bourgeois
de cette ville avaient fait faire des propositions à du

Guesclin. Le sénéchal de Percy, qui avait joint ses troupes
à celles du captal de Buch pour résister à l'attaque pré-
sumée de Bertrand, ne le voyant pas paraître, se douta
de quelque stratagème et reprit en diligence la route de
Poitiers; mais quand il arriva aux portes de la ville, le
connétable y était entré depuis quelques heures, à la
grande joie de la population. Les braves bourgeois se
mirent même à sa disposition pour attaquer le château,
dans lequel les Anglais qui restaient encore à Poitiers
s'étaient réfugiés, et ils s'en emparèrent comme l'eussent
fait des soldats aguerris.

Le sénéchal essaya de reprendre la ville; mais quand
il apprit que l'armée laissée par le connétable à Sainte-
Sevère accourait, il s'éloigna et marcha vers Niort, qui
lui ferma ses portes. Les Anglais attaquèrent la place; ils
s'en emparèrent sans difficulté, car elle n'avait pas de
garnison, et ils la mirent à feu et à sang avant qu'elle pût
être secourue par les troupes de du Guesclin.

Pendant que Bertrand affermissait l'autorité du roi
dans Poitiers, il fit partir pour la Saintonge une partie
de son armée, sous les ordres du seigneur de Pons et de
Thibaut du Pont. Ces deux capitaines attaquèrent le château de Soubise; mais le captal de Buch, en ayant été
averti, s'avança secrètement, fondit sur leur camp, leur
tua beaucoup de monde et les fit prisonniers.

Cet échec fut compensé par la prise de Châtelleraut,
dont s'empara Carlonnet, gentilhomme breton, que du
Guesclin aimait beaucoup. La ville était forte, avait une
bonne garnison et tenait aux Anglais. Carlonnet, si brave
qu'il fût, n'aurait pu s'en rendre maître avec le peu de

soldats dont il disposait, s'il n'eût agi de ruse. Il s'en
approcha sans bruit, à la faveur d'un bois qui y attenait,
et employa deux nuits à scier à fleur de terre une palis-
sade de gros pieux dont elle était entourée ; mais il eut
soin de ne pas les détacher tout à fait et de recouvrir la
sciure, afin qu'on ne s'aperçût de rien. La troisième nuit,
il escalada les murailles et imposa silence aux premiers
qui donnèrent l'alarme, en leur persuadant qu'il était des
leurs ; puis, quand l'erreur fut reconnue, il combattit si
vigoureusement, que rien ne put lui résister.

D'un autre côté, la flotte française, commandée par
Yvain de Galles, ennemi acharné des Anglais, étant arrivée devant la Rochelle, mit à terre quatre cents lances, à
la tête desquelles Yvain attaqua le captal, le vainquit, le
fit prisonnier, et força le château de Soubise de se soumettre au roi.

Du Guesclin apprit ce succès au moment où, après
avoir pris la ville de Saint-Maixent, il marchait contre la
Rochelle avec toute son armée. Il résolut d'attaquer
Saint-Jean-d'Angely, pour profiter de la terreur que la
prise du captal devait y avoir répandue. Il somma cette
place de se rendre ; les habitants, n'ayant pas de gouverneur et supportant, d'ailleurs, avec peine le joug des
Anglais, s'empressèrent de lui ouvrir leurs portes. Du
Guesclin les traita bien, les assura de la bienveillance du
roi et confirma les privilèges qui, à diverses époques,
avaient été accordés à leur ville.

Angoulème, Taillebourg et plusieurs autres petites
places suivirent l'exemple de Saint-Jean-d'Angély.
Saintes se débarrassa de la garnison anglaise, que

Bertrand fit reconduire à Bordeaux, et se donna au connétable.

Il ne restait presque plus rien aux Anglais dans le Poitou, le Limousin et la Saintonge, quand Bertrand parut devant la Rochelle.

Jean d'Evreux, qui commandait cette place pour les Anglais, en était alors absent; mais il y avait laissé un brave lieutenant, nommé Mancel, en qui il avait toute confiance. Les Rochelais, qui avaient pour du Guesclin autant d'affection que d'estime, se souciaient peu de s'exposer à tous les malheurs d'un siége pour obéir au roi d'Angleterre, dont l'autorité leur était odieuse. Toutefois, ils ne savaient comment s'en affranchir, les Anglais ayant dans leur ville une forte garnison et un formidable château, dans lequel ils soumettaient aux plus durs traitements ceux dont ils soupçonnaient la fidélité.

Le maire, nommé Jean Cadorier, crut qu'en de telles circonstances il lui était bien permis d'avoir recours à la ruse. Il réunit à sa table les principaux habitants et y invita le lieutenant Mancel. La chère fut exquise et le repas des plus gais. Mancel, enchanté des égards que lui témoignaient les convives, se fit un devoir de leur tenir tête le verre en main. Le repas terminé, Jean Cadorier pria les invités de passer dans son cabinet, pour y entendre lecture de quelques lettres qu'il avait reçues du roi d'Angleterre et sur lesquelles il était bien aise de prendre leur avis avant d'en faire connaître le contenu en pleine séance de l'hôtel de ville. Mancel vérifia le sceau de ces dépêches et le reconnut pour celui du roi d'Angleterre; mais là se bornait ce qu'il pouvait faire;

car il ne savait pas lire. Il passa donc les lettres au greffier. Celui-ci, qui était de connivence avec le maire et les bourgeois, substitua au contenu de ces missives, qui étaient fort anciennes, l'ordre de faire, vu l'état des choses, le dénombrement de ce qu'il y avait dans la Rochelle d'hommes en état de porter les armes, et d'exercer les bourgeois à la défense de la place. Cadorier et Mancel convinrent qu'une grande revue aurait lieu à cet effet dès le lendemain. A l'heure dite, la garnison sortit du château ; aussitôt Cadorier, à la tête des bourgeois les plus résolus, fondit sur les Anglais, qui, se voyant investis, demandèrent la vie.

Une vingtaine de soldats étaient restés dans le château, dont ils firent aussitôt lever le pont. Ils voulaient s'y défendre ; le maire les somma de se rendre en les menaçant, s'ils s'y refusaient, de faire pendre tous ceux qu'il avait entre les mains. Le château ouvrit aussitôt ses portes, et les Rochelais chassèrent les Anglais de leur ville.

Douze des plus considérables d'entre eux se rendirent le lendemain au camp du connétable, qui les reçut avec beaucoup de joie. Il les remercia de leur belle conduite, leur promit que le roi les considérerait désormais comme ses plus fidèles serviteurs, et s'engagea en son nom à leur accorder ce qu'ils lui demanderaient. Il savait que les Rochelais désiraient depuis longtemps l'établissement d'un hôtel des Monnaies dans leur ville et la destruction du terrible château dans lequel un grand nombre d'entre eux avaient été prisonniers. Il ne fut donc pas surpris de s'entendre adresser ces deux requêtes, auxquelles il fit droit sans retard. Les députés demandèrent, en outre, que le connétable voulût bien se rendre au milieu des bonnes gens de la Rochelle, pour recevoir leur serment de fidélité.

— J'irai de grand cœur, répondit du Guesclin. Je n'ai jamais eu plus de joie que je n'en ressens de votre grand courage et de votre affection au roi.

La ville accueillit les promesses du connétable avec des acclamations enthousiastes, et chacun se mit à démolir le château avec tant d'ardeur, que le lendemain, quand du Guesclin entra en grande pompe dans la ville avec les ducs de Berry, de Bourgogne, et les autres seigneurs de son armée, cette forteresse était presque entièrement détruite.

Le roi, en apprenant la soumission de la Rochelle, qui couronnait si dignement les succès remportés par Bertrand, lui écrivit de sa main, pour lui témoigner toute sa satisfaction. Charles V remerciait dans cette lettre les braves Rochelais d'avoir traité le connétable avec autant de respect et de lui avoir rendu autant d'honneurs qu'en aurait pu désirer un roi. Il ajoutait qu'à l'avenir sa volonté était qu'il en fût ainsi partout, attendu qu'on ne pourrait jamais témoigner trop de vénération, de reconnaissance et d'amour à celui qui, par sa sagesse, sa valeur et toutes ses nobles vertus, était la gloire de la France.

Du Guesclin pleura de joie à la lecture de cette lettre, la plus douce récompense qu'il eût encore obtenue. Nous nous trompons : il en recueillait chaque jour une plus

précieuse encore dans les bénédictions des peuples qu'il
délivrait du joug des Anglais.

Ce triomphe ne lui manqua pas pendant le voyage
qu'il fit à Paris, après la reddition de la Rochelle. Les
populations accourues sur son passage le saluaient du
joyeux cri de *Noël! Noël! au bon connétable!* Chacun
voulait le voir, s'approcher de son cheval, toucher son
armure, et Bertrand, ému de ces touchants témoignages
d'affection, croyait ne les avoir pas mérités.

Paris lui fit une réception magnifique. Jamais prince
ne fut accueilli avec des témoignages plus sincères d'estime et de respect. Charles V le reçut comme le restaura-
teur de son trône ; car si le connétable ne lui avait pas
rendu le même service qu'à Henri II, il avait du moins
fait rentrer sous son obéissance plusieurs des belles provinces du royaume livrées aux Anglais sous les règnes
précédents.

Bertrand présenta les députés de la Rochelle au roi,
qui les traita à merveille et ratifia toutes les promesses
que ce grand homme avait faites en son nom.

X.

La joie que du Guesclin ressentait de l'heureux succès de ses armes fut troublée par la douleur que lui causa la perte de sa femme. Il la pleura comme elle le méritait et n'oublia jamais les belles actions ni les généreux sentiments qui la lui avaient rendue si chère.

Il imposa silence à son chagrin pour s'occuper des intérêts de la France, qui le réclamait encore. Il rentra dans le Poitou, au commencement de la campagne, et attaqua le château de Bénon, pour punir la cruauté avec laquelle le gouverneur de cette place avait fait mutiler six jeunes Rochelais qui servaient dans la garnison anglaise : ces pauvres soldats étaient retournés au milieu de leurs concitoyens avec le nez, les lèvres, les oreilles et un poignet coupés.

— Il est impossible, dit le connétable à ses gens d'armes, que des hommes si bassement cruels aient du cœur. Marchons sans crainte, mes amis, ils ne nous résisteront pas.

Il fit ensuite, selon son habitude, appeler le gouverneur, qui refusa de se rendre.

— J'en suis fort aise, lui dit Bertrand, car je vous jure que je prendrai la place et vous traiterai, vous et les vôtres, comme vous le méritez.

La nuit suivante, un nouveau trait de barbarie vint mettre le comble à la fureur des Français. Geoffroy Payen, dont nous avons parlé lors du siége de Sainte-Sevère, ayant été fait prisonnier dans une sortie, fut si cruellement maltraité par ceux qui l'emmenaient, qu'ils le laissèrent pour mort sur la route. Olivier de Clisson, ayant appris de lui-même comment les choses s'étaient passées, jura, dans ce premier moment de douleur et d'indignation, de venger le sang de ce brave chevalier dans celui de tous les Anglais qui tomberaient entre ses mains dans l'espace d'une année.

Deux jours après, l'assaut fut donné et la place emportée. Ceux qui s'étaient enfermés dans le donjon ayant demandé à capituler, le connétable leur fit grâce de la vie, à la condition qu'ils sortiraient sans armes et la corde au cou. Olivier de Clisson pria Bertrand de lui donner ces prisonniers. Le connétable y ayant consenti, sans se douter du dessein que son ami avait formé, Olivier les assomma, dit-on, les uns après les autres, avec sa hache d'armes.

Plusieurs petites places se rendirent aux Français. Ils délivrèrent la duchesse de Bourbon, mère de la reine de France, de la captivité où la tenait un chevalier anglais, nommé Bernard d'Ambas, et allèrent assiéger Fontenay-le-Comte.

Le gouverneur de cette ville, Jean de Harpedanne, obligé de s'en éloigner, l'avait laissée à la garde de sa femme. Du Guesclin fut bien surpris quand il vit la belle amazone paraître au haut de la muraille et lui dire qu'elle était prête à se défendre contre lui. Il la pria de ne pas s'obstiner à combattre; mais elle lui répondit que son devoir exigeait qu'elle résistât et qu'elle ferait son devoir. Cependant, après un premier assaut, la vaillante dame, cédant aux sollicitations des siens, envoya remettre à Bertrand les clefs de la place, et lui dit qu'elle s'en rapportait à sa générosité pour les conditions de la capitulation. Le connétable lui permit d'emporter de la ville tout ce qu'elle voudrait, et la fit conduire, elle et ses troupes, jusqu'à Bordeaux.

De Fontenay-le-Comte, du Guesclin se rendit devant Thouars, ville très-forte, dans laquelle s'étaient enfermés plusieurs seigneurs français qui avaient embrassé le parti de l'Angleterre. La place se défendit si bien, que le connétable signa avec ces seigneurs un traité en vertu duquel toute hostilité cesserait entre eux jusqu'au jour de la Saint-Michel, époque à laquelle la ville serait remise aux Français, si le roi d'Angleterre ou l'un des princes ses fils ne venait la délivrer.

De grands préparatifs furent faits à Londres, et le roi Édouard, si vieux qu'il fût, s'embarqua pour venir au secours de la place; mais les vents contraires, après avoir retenu sa flotte dans la Manche pendant plus d'un anois, la poussèrent au large et la forcèrent d'aborder sur les côtes de l'Irlande.

Au jour dit, du Guesclin se présenta devant Thouars, pour combattre le roi d'Angleterre ou exiger le serment de fidélité des défenseurs de la place. Les seigneurs en firent aussitôt ouvrir les portes et suivirent l'armée à Poitiers, où le connétable reçut leur soumission.

L'année suivante, Bertrand assiégea Chisay, pendant que ses capitaines attaquaient la Roche-sur-Yon et Lusignan. Chisay le tint quelque temps en échec, et Louis de Jaconvelle, gentilhomme gascon, qui s'était mis à la disposition de Jean d'Evreux, gouverneur de Niort pour les Anglais, se chargea de s'emparer de la personne du connétable. Il poussa même la fanfaronnade jusqu'à ordonner à ses gens de préparer un festin pour célébrer son triomphe et de meubler l'appartement destiné à son prisonnier.

Bertrand, en ayant été informé, envoya sur le chemin par lequel cet orgueilleux Gascon devait passer avec ses troupes, deux voitures des meilleurs vins du pays. Les Anglais, croyant que cette provision était destinée aux Français, firent main basse sur les futailles, les défoncèrent, et firent tant d'honneur à cet excellent vin, qu'ils eurent peine à gagner une plaine voisine du camp du connétable. Dès qu'ils y furent arrivés, ils lui envoyèrent demander la bataille.

Du Guesclin laissa alors la garde de son camp à quatre-vingts hommes déterminés et se rendit, avec le reste de ses troupes, au-devant des ennemis. Le gouverneur de

Chisay, croyant le camp tout à fait désert, sortit avec cent de ses meilleurs soldats pour venir renforcer les Anglais; mais les Bretons les assaillirent, en tuèrent un certain nombre et firent les autres prisonniers. Bertrand, à qui l'on porta cette nouvelle, la répéta aux siens, dont elle redoubla l'ardeur.

On en vint aux mains avec une incroyable impétuosité; le connétable ne combattit jamais avec plus de bonheur et d'audace. Chacun des Anglais le cherchait; car beaucoup d'entre eux avaient juré de le prendre ou de mourir. Mais il en fut de ce serment comme de beaucoup d'autres ayant le même objet. Bertrand, vaillamment secondé par les officiers, dont son exemple faisait autant de héros, remporta une victoire complète, et couronna cette journée par la capitulation de Chisay.

Ce double succès ne lui suffisant pas encore, il donna ordre à deux cents de ses braves de monter sur les chevaux pris aux Anglais, de couvrir leur armure d'une sorte de casaque dont ceux-ci s'étaient revêtus, et de courir jusqu'à Niort. Les Anglais, les prenant pour ceux qui étaient partis la veille, leur ouvrirent les portes sans difficulté. Les Français se firent alors reconnaître, et, avec l'aide des habitants, ils s'assurèrent de la garnison.

Du Guesclin arriva à Niort peu de jours après, reçut la soumission de la ville, et se rendit devant Lusignan. La place capitula dès qu'on y eut été averti de sa présence. Quelques autres villes ou châteaux en firent autant, et il ne resta plus rien aux Anglais dans le Poitou, la Saintonge et l'Aunis. Après avoir pourvu à la sûreté de toutes les places et remis le commandement de l'armée à Alain de Beaumont, son parent, le connétable fit le voyage de Paris pour se concerter avec le roi au sujet de la guerre qui se préparait en Bretagne.

Edouard III, sur qui du Guesclin venait de remporter tant d'avantages, engageait depuis longtemps le duc de Bretagne, Jean de Montfort, à s'armer pour le soutenir. Jean, on se le rappelle, devait tout à ce prince; mais il n'osait se déclarer ouvertement pour lui, dans la crainte que le roi de France ne fît revivre les anciennes prétentions de Jeanne de Penthièvre et ne lui ravît son duché. Cependant, pressé par sa femme, qui était la propre fille d'Edouard, et par les seigneurs anglais qui étaient restés à sa cour, il se déclara contre Charles V et offrit au roi d'Angleterre le passage dans ses Etats.

Un grand nombre de seigneurs bretons, désapprouvant cette alliance, portèrent plainte à Charles, qui, en qualité de suzerain, somma Jean IV de le venir servir de sa personne et de ses troupes. Jean dit que le traité de Brétigny le dispensait d'armer contre le roi d'Angleterre; et pendant que ses envoyés présentaient cette excuse à Charles V, le duc de Bretagne mit une garnison anglaise dans plusieurs de ces places.

Le roi de France n'attendit pas que ce vassal lui déclarât la guerre. Du Guesclin ayant dit qu'il marcherait avec joie en Bretagne pour délivrer son pays des Anglais qui y exerçaient déjà toutes sortes de vexations, il lui donna l'ordre de s'y rendre avec douze mille hommes.

Le peuple et la noblesse accueillirent Bertrand comme un sauveur. Il s'empara de Fougères, de Basauges, de

Saint-Aubin-du-Cormier, et de Gaël, qui appartenait en propre à Jean de Montfort.

Sur ces entrefaites, huit mille Anglais débarquèrent près de Saint-Malo, ce qui irrita toute la nation et la détacha de son souverain. Jean ayant ensuite ôté aux nobles bretons qui lui étaient restés fidèles le commandement des places et châteaux pour le confier aux Anglais, la révolte éclata de toutes parts. Le peuple refusa les impôts exigés par le duc, mit à mort les gens chargés de les percevoir et en appelèrent au roi.

Jean se vengea en faisant noyer, sans autre forme de procès, ceux qui avaient rédigé l'appel au roi. L'indignation publique s'en accrut, et le duc, ne se croyant plus en sûreté dans sa province, passa en Angleterre, laissant la duchesse sa femme à la garde des Anglais dans la ville d'Auray.

Du Guesclin profita de l'absence de Jean pour presser vivement les Anglais. La Bretagne a toujours eu au plus haut degré la haine de l'étranger; il n'était pas étonnant que le duc se fût aliéné les cœurs, en accordant toute sa confiance aux seigneurs venus d'outre-mer. Les Français, qui prétendaient les chasser, quoique étrangers aussi pour les Bretons à cette époque, étaient vus avec moins de déplaisir. Le connétable, d'ailleurs, était Breton; il avait toujours et partout favorisé ses compatriotes, et tous étaient fiers de la gloire qu'il s'était acquise. Ce n'était donc pas à son pays que du Guesclin faisait la guerre, mais aux Anglais, qui en étaient devenus les oppresseurs.

Libre de suivre ses sympathies, la Bretagne tout en-

tière eût accueilli le bon connétable, à une condition
toutefois : c'est que le roi de France, après avoir pacifié
la province, la laisserait obéir à son duc et ne préten-
drait pas assimiler les Bretons à ses propres sujets. Les
guerres cruelles qu'y avaient excitées les prétentions de
Montfort et de Penthièvre n'avaient affaibli dans le cœur
de ce peuple ni le sentiment de la nationalité ni l'a-
mour de l'indépendance.

Charles V le savait; et s'il désirait joindre à son
royaume le beau duché de Bretagne, du moins se gar-
dait-il bien de laisser deviner cette ambitieuse pensée.

Du Guesclin passa à Rennes, dont le comte de Laval,
seigneur breton, s'était rendu maître; il y laissa une
garnison, marcha vers Dinan, dont les portes lui furent
ouvertes sans résistance, s'empara du château de So-
lidor, mit quelques troupes à Ploërmel, à Jugon, à
Vannes, afin que les Anglais ne pussent s'en saisir, et
vint mettre le siége devant Hennebon.

Cette place, qui a joué un grand rôle dans la guerre de
Montfort et de Penthièvre, était restée fidèle à Jean IV. Déjà
très-forte, elle avait encore été fortifiée par les Anglais,
qui en avaient fait une de leurs meilleures places d'armes.

Du Guesclin la fit attaquer; mais elle se défendit si
vaillamment, qu'il fallut renoncer à la prendre par es-
calade. Les canons amenés contre ses murailles ne les
endommagèrent point, et Bertrand, qui n'avait pas le
temps de réduire la ville par la famine, et qui, d'ailleurs, ne l'aurait pas pu, puisqu'il n'avait pas de vaisseaux pour l'empêcher de recevoir des secours du côté
de la mer, en fit saper les fondements.

Après quelques jours de travail, une brèche fut ouverte; les assiégeants s'y élancèrent et plantèrent sur les murailles les enseignes du connétable.

Encore quelques instants, et les vainqueurs allaient éteindre leur fureur dans les larmes et le sang des victimes. Bertrand ne put songer sans frémir aux excès qu'il ne pourrait réprimer. N'écoutant que son cœur, il écarta les gens qui montaient à la brèche, et, parvenu au sommet, il leur fit signe de s'arrêter; puis, se tournant vers la ville, il s'adressa à la population haletante et éperdue.

— Mes amis, s'écria-t-il, je suis Breton comme vous, et je le sens aujourd'hui mieux que jamais; car je ne puis me résoudre à porter le fer et la flamme dans vos murs. Dieu m'est témoin que je verserais de bon cœur mon sang pour épargner le vôtre; ce n'est donc pas à vous que j'en veux, mais aux Anglais qui vous oppriment. Votre ville est à moi, vous le voyez. Que je fasse un signe, et mes soldats s'y précipiteront en vainqueurs. Epargnez-moi cette douleur en vous soumettant, et je vous assure qu'il ne vous sera fait aucun mal.

Ce discours fit une vive impression sur les habitants; ils quittèrent aussitôt leurs armes en criant : Vive le connétable! Les Anglais, se voyant abandonnés par la population, demandèrent merci, et Bertrand leur fit grâce de la vie.

Après la reddition d'Hennebon, l'armée marcha sur Quimperlé, s'en empara et y trouva de grandes ressources en vivres, munitions et argent.

Le connétable alla ensuite assiéger Concarneau, forte-

sse ainsi sur une plage que la mer recouvre à la ma-
rée haute. Pendant que la grève était à découvert, Du
Guesclin attaqua la place; mais il y trouva une résistance qu'il fallut encore avoir raison à la main.
Enfin, la brèche s'ouvrit; mais, avant que les Français pussent avoir raison des Anglais qui la défendaient,
la mer remonta, et ils furent obligés de s'éloigner pour
n'être pas engloutis dans les flots.

Bertrand remit au lendemain la prise de la ville. Les
assiégés, voyant qu'il leur serait impossible de lutter
contre lui, capitulèrent au point du jour.

La perte d'Hennebon, de Quimperlé, de Concarneau,
causa aux Anglais tant de crainte et de découragement,
que, n'osant plus se flatter de résister au connétable
dans les places qui leur restaient, ils se réfugièrent à
Brest, espérant qu'on ne les y attaquerait pas. Robert
Knolles, à qui Jean IV, au moment de partir, avait confié le gouvernement de son duché, avertit sa femme
d'aller l'attendre à Châteaulin, d'où il devait gagner
Brest avec elle. Il ne put la faire prévenir assez secrètement pour que personne n'en fût instruit. Deux gentilshommes bretons rassemblèrent quelques troupes, attaquèrent les Anglais au milieu desquels était la fugitive,
les battirent et les obligèrent à laisser tous leurs bagages, les meubles, les habits et les bijoux de la dame,
qui n'échappa aux Bretons que grâce à la vitesse de son
cheval.

Robert Knolles gagna Brest peu de temps après. Ses
principaux officiers s'y étaient déjà enfermés, et toutes
les places qu'ils avaient abandonnées s'étaient avec joie

soumises au connétable. Du Guesclin n'hésita pas à aller les attaquer dans cette ville réputée imprenable ; mais comme il n'avait pas d'assez fortes machines pour en battre les murailles, et que les Anglais y étaient trop nombreux pour qu'il pût triompher sans perdre beaucoup de monde, il résolut d'affamer la place, après s'être assuré qu'il n'y avait pas sur toute la côte un vaisseau qui pût y amener des secours.

Les Anglais, se voyant bloqués et voulant se préserver de la famine, firent la visite de toutes les maisons, pour s'assurer, dirent-ils, de la quantité de provisions renfermées dans la ville et en faire une distribution équitable ; mais, au lieu de tenir cette promesse, ils s'emparèrent non-seulement des vivres, mais des meubles et de l'argent. Ils avaient d'avance désarmé les habitants et s'étaient fait donner des otages.

On peut se figurer la douleur et le ressentiment des bonnes gens de Brest quand ils se virent ainsi traités. Le peu qu'ils avaient pu soustraire aux perquisitions des Anglais ne les mit pas longtemps à l'abri du besoin. Pressés par la faim, sans pouvoir rien obtenir de la garnison, ils firent savoir au connétable à quelle extrémité ils étaient réduits et le supplièrent d'avoir pitié d'eux.

Bertrand ne pouvait être insensible à leurs souffrances ; il entama donc avec les Anglais des négociations qui amenèrent un traité, en vertu duquel la ville lui serait rendue, si, dans le délai de six semaines, elle n'était secourue par une armée assez forte pour battre les Français.

Du Guesclin laissa devant Brest quelques-uns de ses capitaines et fit une descente à l'île de Jersey. Il s'empara de Montorgueil, à l'exception du donjon, pour lequel il fit les mêmes conditions que pour la ville de Brest, pilla l'île dans laquelle les Anglais avaient des magasins de vivres et d'armes, et revint en Bretagne.

Le duc d'Anjou assiégeait alors Derval, place que Jean IV avait donnée en propre à Robert Knolles. Jacques de Brosse, qui y commandait en l'absence de Robert, promit de la rendre s'il n'était secouru dans deux mois, et donna des otages. Les Français quittèrent Derval et retournèrent devant Brest; car ils avaient appris que des renforts anglais étaient entrés dans la ville, au mépris du traité, et avaient impitoyablement passé au fil de l'épée la plus grande partie des habitants.

Quelque désir que le connétable éprouvât de tirer vengeance d'une telle barbarie, il trouva les fortifications de la place en si bon état et la garnison si considérable, que, pour ménager le sang de ses soldats, il résolut d'attendre que le moment fixé pour la reddition de la ville fût arrivé.

Le roi lui ayant écrit peu de jours après pour qu'il se rendît en Picardie, où les Anglais venaient de faire une descente, il partit; mais bientôt il rebroussa chemin, averti par Olivier de Clisson de l'arrivée du comte de Salisbury, à la tête de quatre-vingts vaisseaux.

Du Guesclin mit son armée en bataille en vue de Brest, et envoya sommer le comte de venir le combattre ou de consentir à ce que la ville ouvrît ses portes. Salisbury répondit qu'il n'avait point d'équipages de terre, qu'ainsi le connétable eût à venir l'attaquer ou lui envoyât des chevaux.

— Mon ami, dit du Guesclin au héraut qui lui apporta cette réponse, je vous pardonne cette mauvaise plaisanterie, parce qu'elle ne vient pas de vous ; mais retournez vers votre maître et dites-lui que, puisqu'il n'est pas en état de me livrer bataille, la ville et le château de Brest me doivent être rendus, ainsi que le porte notre traité.

Le comte ne s'émut point, et du Guesclin, irrité de tant de mauvaise foi, voulait aller l'attaquer, quoique l'armée des Anglais fût bien supérieure en nombre à la sienne ; mais tout son conseil ayant exprimé un avis contraire, il dut y renoncer. Salisbury mit une nouvelle garnison dans la place, la pourvut abondamment de vivres et de munitions, et reprit aussitôt la mer.

Robert Knolles sortit de Brest et retourna à Derval. Le comte de Salisbury n'étant pas venu délivrer cette dernière ville, le duc d'Anjou demanda qu'elle lui fût livrée, comme l'exigeait la capitulation. Robert désavoua la parole de son lieutenant et déclara qu'il ne se rendrait pas. Olivier de Clisson, s'étant fait remettre les otages donnés au duc, lors de la conclusion du traité, les conduisit au bord du fossé, et, après avoir une dernière fois sommé Knolles d'ouvrir ses portes, il fit trancher la tête aux quatre gentilshommes anglais. Robert répondit à cette cruauté par une cruauté semblable, et quatre prisonniers français furent décapités sur les murailles, à la vue de tout le camp.

Du Guesclin n'imita pas la conduite d'Olivier de Clisson. Il se contenta de retenir prisonniers les otages que lui avait remis la ville de Brest; car il ne croyait pas que jamais l'innocent dût payer pour le coupable.

Pendant que ces choses se passaient à Derval, le connétable se rendait à Nantes. Il prévint les habitants de cette capitale que leur duc ayant manqué à ses serments et appelé dans la province, qu'il tenait du roi de France, les ennemis de ce roi, il avait ordre, lui du Guesclin, de se saisir du duché. Les Nantais répondirent que la seule chose qu'ils pussent faire pour être agréables au roi et donner au connétable une preuve de l'estime et de l'admiration qu'il leur inspirait, était de s'engager à ne recevoir dans leurs murs aucune troupe ni aucun prince étrangers; mais qu'ils prétendaient être toujours libres d'accueillir leur duc lorsqu'il reviendrait. Ils demandèrent, en outre, à rester seuls dépositaires des deniers publics jusqu'à la conclusion de la paix, et du Guesclin, ayant accédé à ces conditions, fit son entrée dans la ville, où il fut reçu comme un bienfaiteur et un ami.

Le roi l'ayant alors rappelé, il se rendit en toute hâte à Paris.

— Mon brave connétable, lui dit Charles, ce n'est pas assez pour vous d'avoir chassé les Anglais du Poitou, de la Saintonge, du Limousin, de la Bretagne, et de les avoir rejetés en Guienne, au delà de la Garonne; il faut que vous vous opposiez à leurs ravages dans l'Artois et la Picardie, où ils font irruption au nombre de soixante mille hommes. Partout où est le danger, votre place est marquée; partez donc au plus tôt et rendez encore à ma couronne un service qu'elle ne peut attendre que de vous.

— Sire, répondit le connétable, j'attends vos ordres; car je suis et je serai toujours votre fidèle serviteur.

Le duc de Lancastre était, en effet, descendu en Picardie avec des forces considérables. Jean de Montfort l'y avait suivi et avait déclaré la guerre au roi de France. Charles n'avait pas attendu l'arrivée du connétable pour assembler des troupes, et du Guesclin n'eut qu'à se mettre à leur tête.

Cette campagne (1373) fit le plus grand honneur à la sagesse et à l'habileté de Bertrand; seule elle eût suffi pour le rendre célèbre. Il prit si bien ses mesures; il harcela tellement les Anglais, qu'il les chassa de l'Artois et de la Picardie, leur fit traverser le Forez, l'Auvergne, le Limousin, et chassa devant lui jusqu'à Bordeaux leur armée réduite à six mille hommes, tout le reste ayant péri de misère, sans avoir pu livrer une bataille ou s'emparer d'une ville.

La même année, du Guesclin épousa en secondes noces Jeanne de Laval, fille unique de Jean de Laval, seigneur de Châtillon Sa première femme ne lui ayant pas laissé d'enfants, ses nombreux amis et le roi lui-même, ne pouvant sans regret voir s'éteindre une si vaillante race, l'avaient prié de contracter cette nouvelle union.

XI.

Au commencement de la campagne de 1374, du Guesclin, profitant des contestations survenues entre le prince de Galles et le comte de Foix, au sujet de quelques seigneuries que celui-ci possédait en Guienne, s'y rendit avec une armée considérable, s'empara de Lourdes, malgré la belle défense de cette place, et alla mettre le siége devant Sault, qui appartenait aussi au comte de Foix. Celui-ci, craignant d'être dépouillé bientôt de tout ce qu'il possédait, traita avec les Français. Le connétable attaqua alors les Anglais et se rendit en peu de temps maître de quarante villes ou châteaux.

Jean IV, rentré en Bretagne, y avait été si mal accueilli,

qu'après avoir passé quelques jours à Auray, il avait repris le chemin de Bordeaux, et de là s'était rendu en Angleterre. Il en revint bientôt après avec une petite armée, et assiégea Quimperlé, où Olivier de Clisson et plusieurs autres seigneurs bretons, ses ennemis, s'étaient renfermés. Ceux-ci se défendirent en désespérés ; car ils savaient bien qu'en qualité de sujets rebelles, ils n'avaient aucune grâce à attendre du duc. Cependant, malgré leur héroïque valeur, la place allait être forcée, quand le duc de Lancastre envoya annoncer à Jean qu'une trêve venant d'être conclue entre l'Angleterre et la France, ses soldats devaient mettre aussitôt bas les armes. Cette circonstance sauva Olivier et ses compagnons.

La trêve avait été signée grâce à l'intervention du pape, qui se flattait de la voir devenir une paix définitive ; mais les négociations entreprises à cet effet n'ayant pas eu de résultat, on se prépara des deux côtés à rentrer en campagne. Edouard III venait de mourir, et le duc de Lancastre avait été nommé régent pendant la minorité de Richard, fils du prince de Galles, mort aussi depuis quelque temps.

Du Guesclin, après avoir pris plusieurs petites places dans le comté d'Evreux, s'empara de Pont-Audemer et de Mortain. De son côté, le roi de Castille, qui n'avait pas oublié ses ressentiments contre Charles le Mauvais, envoya une armée en Navarre. Le roi, ainsi pressé, implora le secours de l'Angleterre. Le duc de Lancastre fit partir des troupes pour Cherbourg et se disposa à les suivre avec de nouvelles forces. Le connétable, voulant porter un dernier coup au roi de Navarre, assiégea cette place ; mais elle lui résista, et son frère Olivier y fut fait prisonnier. Bertrand, n'ayant pas de vaisseaux pour bloquer la ville par mer, renonça à s'en emparer et se rendit en Bretagne, où il obligea le duc de Lancastre à lever le siége de Saint-Malo.

A peine y avait-il réussi, qu'il reçut un courrier du duc d'Anjou. Ce prince lui mandait qu'on avait grand besoin de lui en Guienne, où quelques mécontentements avaient éclaté contre Thomas Felton, grand sénéchal d'Aquitaine. Bertrand se mit aussitôt en route et prit, chemin faisant, plusieurs petites places. Dès qu'il eut rejoint l'armée du duc d'Anjou, celui-ci, qui avait mis le siége devant Bergerac, demanda l'avis du connétable sur la manière dont ce siége devait être conduit.

Du Guesclin dit que la conquête de la Guienne était absolument nécessaire, si l'on voulait enfin délivrer la France des Anglais. Il ajouta que les troubles causés à Londres par la minorité du roi et le peu d'affection que les seigneurs portaient au régent rendaient les circonstances aussi favorables qu'on pouvait le désirer ; que son avis était donc qu'on assaillît vivement la place et qu'on s'en rendît maître au plus tôt. Cette opinion ayant été goûtée de tous les chefs, Bertrand envoya des troupes pour s'opposer à ce que Thomas Felton ravageât la campagne et affamât ainsi les Français dans leur camp. Il fit partir un autre petit corps pour la Réole, avec ordre d'en ramener une machine de siége, et resta avec le reste de l'armée devant Bergerac.

Thomas Felton se porta avantageusement sur le passage

de ceux qui devaient ramener la machine, les attaqua avec des forces supérieures, et les aurait défaits sans l'arrivée des deux cents lances envoyées à sa poursuite. Ce renfort changea la face des choses ; les Anglais se battirent bien ; mais Felton ayant été fait prisonnier, ils furent tués ou dispersés.

Avant de faire fonctionner la machine contre les murs de la ville, Bertrand voulut tenter un dernier effort pour éviter l'effusion du sang. Il fit faire halte à ses soldats, prêts à monter à l'assaut, s'avança jusqu'à la principale porte de Bergerac, et, s'adressant aux habitants aussi bien qu'au gouverneur, il leur représenta qu'il leur serait beaucoup plus avantageux de se rendre que de remettre leur vie et leurs biens au hasard d'une lutte dans laquelle ils auraient le dessous. Il leur rappela qu'ils étaient Français ; que les Anglais leur avaient imposé leur domination et l'avaient signalée plus d'une fois par la violence ; que, d'ailleurs, ils n'avaient plus rien à attendre d'eux, puisque le pouvoir de ces étrangers s'affaiblissait partout, et que Thomas Felton, gouverneur de la province, était prisonnier, tandis qu'en ouvrant volontairement leurs portes aux Français, les habitants de Bergerac n'auraient à attendre que de bons traitements de Charles V, qui saurait bien désormais les défendre contre la vengeance des Anglais.

Du Guesclin avait le don de persuader, parce que la franchise et la bonté éclataient dans ses discours. Après l'avoir écouté, les bourgeois lui demandèrent un quart d'heure pour réfléchir. Le connétable s'étant retiré, ils sommèrent leur gouverneur de livrer la place ou d'en sortir avec la garnison. Comme ils étaient tous bien résolus à ne pas le seconder dans la défense de leur ville, les Anglais s'arrêtèrent à ce dernier parti. Quand ils se furent éloignés, une députation des bourgeois vint apporter les clefs à du Guesclin, qui prit possession de Bergerac, au nom du roi, confirma les priviléges dont la ville avait autrefois joui, et lui en accorda de nouveaux, afin, dit-il, que les autres places reconnussent combien la domination de la France était préférable à celle de l'Angleterre.

Cette conquête pacifique fut suivie de la reddition d'un grand nombre de petites villes et de la prise du château de Cadillac.

Du Guesclin, rappelé quelque temps après par le roi, laissa une partie de ses troupes en Guienne, l'autre en Auvergne, où les Anglais commettaient de grands dégâts, et alla prendre les ordres de Charles V.

Jean de Montfort, cité à comparaître devant la cour des pairs, ne s'y étant point présenté, fut déclaré rebelle, et son duché demeura confisqué au profit de la couronne de France.

Jeanne de Penthièvre crut pouvoir faire revivre alors ses prétentions. Il lui fut répondu que, la cause ayant été jugée en faveur de Jean de Montfort par le traité de Guérande, lui seul était duc de Bretagne, et que sa félonie l'ayant rendu incapable de posséder aucune des terres pour lesquelles il avait fait hommage au roi, l'arrêt devait être exécuté.

Il se fit alors en Bretagne un revirement général. Les grands et le peuple, également affligés de voir leur patrie devenir une province française, se réunirent pour rappeler le duc contre lequel ils avaient combattu. Ils se rattachèrent à lui comme à leur dernier espoir de liberté, le reçurent avec enthousiasme et mirent à sa disposition leurs biens et leur sang. Les seigneurs refusèrent de remettre aux troupes du roi les places qu'ils avaient arrachées aux Anglais, et se préparèrent à chasser du duché ceux qu'ils regardaient désormais comme leurs seuls ennemis.

Charles V n'avait pas prévu un semblable résultat. Il en fut d'autant plus piqué, que les seigneurs bretons avaient, en maintes rencontres, été honorés par lui d'une faveur toute particulière. Olivier de Clisson fut le seul qui lui resta fidèle, parce qu'il avait contre Jean de Montfort des motifs personnels d'inimitié. Charles eut recours à du Guesclin et lui ordonna d'entrer en Bretagne, pour y rétablir l'honneur de ses armes.

Le connétable obéit; mais il trouva les choses bien différentes de ce qu'il les avait vues naguère dans ce pays. Le peuple ne venait plus au-devant de lui, en le saluant du titre de libérateur; les villes ne le priaient plus de les honorer de sa présence; ceux qu'il avait eus pour compagnons d'armes et pour amis étaient devenus ses adversaires.

Du Guesclin, ne se sentant pas le courage de porter la ruine et la mort dans le pays qui l'avait vu naître, supplia le roi d'entrer en accommodement avec la Bretagne. Les envieux que lui avait suscités sa haute faveur insinuèrent à Charles V que le connétable ne l'avait pas servi en cette

occasion avec son zèle ordinaire et laissèrent entendre
qu'il avait embrassé contre le roi le parti de Montfort.

Bertrand, averti de ces calomnies, renvoya sur-le-
champ au monarque l'épée, insigne de sa dignité.
Charles, comprenant quelle perte il ferait si ce grand
homme cessait de commander ses armées, députa vers
lui le duc d'Anjou et le duc de Bourbon, qu'il chargea de
lui assurer qu'aucun soupçon dont il pût s'offenser n'avait
pénétré dans l'esprit du roi. Du Guesclin cependant ne
voulut pas reprendre l'épée de connétable qu'ils lui rap-
portaient ; mais des lettres de Charles lui ayant appris
que les Anglais venaient de rentrer en Guienne, cette
nouvelle fit plus d'effet sur Bertrand que les sollicitations
des princes. Il répondit qu'il irait prendre les ordres du
roi, et il se rendit à la cour.

Charles V l'embrassa, lui dit qu'il le connaissait trop
pour avoir ajouté foi à des insinuations perfides, et le
pria de reprendre son épée pour chasser les Anglais du
royaume. Bertrand y consentit ; mais il ajouta que, la
guerre terminée, il irait vivre en Espagne ; car il avait
fait le serment de ne pas rester dans ce royaume pour
lequel il avait tant combattu et où pourtant la calomnie
avait osé l'attaquer. Il plaida de son mieux la cause de la
nationalité bretonne, et Charles lui promit d'avoir égard
à ses bons conseils et à ses prières.

— Sire, dit Bertrand en prenant congé du roi, vous
m'envoyez en Gascogne à mon grand contentement. Je
ne puis vous nier que, pour vous être et avoir toujours
été très-fidèle serviteur, je ne pouvais, avec le consente-
ment de mon cœur, faire la guerre aux lieux où j'étais.

C'est le pays auquel Dieu me fit naître, où sont mes parents et amis de sang ; il ne se peut que je n'en retienne quelque chose, qui n'est pas à dire que je n'y eusse fait mon devoir ; mais il se peut faire par autre sans moi. Et faut, sire, que je vous dise que vous m'avez ôté beaucoup de moyens de vous servir, m'ayant naguères ôté mes Bretons. Mon aigle ne volera plus, ayant perdu ses ailes.

A ces derniers mots, le connétable ne put retenir ses larmes. Le roi lui-même fut ému. Il convint que les Bretons lui avaient rendu de grands services et promit au connétable de tout faire pour que leur province étant bientôt pacifiée, ils pussent reprendre leur place dans les armées de la France.

— Allez, mon brave connétable, ajouta Charles, je n'ai point d'ordres à vous donner. Tout ce que vous ferez sera bien fait ; car vous êtes l'homme que j'aime et que j'estime le plus ; je vous regarde comme l'appui de ma couronne et l'honneur de mon règne.

Du Guesclin voulut se jeter aux genoux du roi pour le remercier. Charles l'en empêcha et le serra dans ses bras, en lui renouvelant l'assurance de sa confiance et de son affection.

Bertrand ne devait plus revoir ce bon et sage prince, qui savait si bien l'apprécier.

Quand du Guesclin avait résisté aux instances des deux nobles envoyés de Charles V, il l'avait fait en leur témoignant autant d'affection que de respect.

— Beau cousin connétable, ne faites pas, je vous prie, ce que vous dites, s'était écrié le duc de Bourbon, en

l'entendant promettre de se retirer en Espagne; car le
roi vous veut grand bien, et vous feriez mal de le laisser
de cette manière.

— Ah! monseigneur de Bourbon, répondit du Guesclin, j'ai été en votre compagnie dans tous les plus grands
faits de ce royaume, et vous et moi nous avons chassé le
duc de Bretagne de son pays, où il ne lui est resté qu'un
château; vous savez donc mieux que personne que je ne
me suis pas rallié à lui. Vous êtes le seigneur de France
qui m'avez fait le plus de plaisir, et auquel je dois le
plus après le roi. J'ai juré d'aller demeurer en Espagne ;
mais je ne vous y oublierai pas, je vous le proteste. Il no
tardera pas deux mois que je ne passe en votre pays
pour vous prier de garder aussi l'amour que vous avez
pour moi.

Le duc de Bourbon rappela cette promesse à du
Guesclin quand il eut consenti à reprendre l'épée de
connétable ; et comme, après avoir chassé les Anglais de
la Guienne, Bertrand comptait passer en Espagne, il prit
sa route par le Bourbonnais. Il y fut fêté comme aurait
pu l'être le roi lui-même ; des danses, des festins, des
tournois furent donnés en son honneur, et toute la
noblesse de la province voulut lui rendre ses devoirs.

Au moment de se séparer de cet illustre ami, le duc
lui remit le collier de l'ordre de l'Espérance, lui fit présent d'un magnifique hanap d'or sur lequel les armes
de Bourbon étaient gravées, et lui fit promettre de s'en
servir toute sa vie. Puis il le fit accompagner pendant
quatre jours de route par six de ses principaux gentilshommes.

Bertrand retrouva contre les Anglais toute l'ardeur de sa jeunesse; et quoique ses chers Bretons lui manquassent, il remporta plusieurs avantages. Son nom seul répandait la terreur parmi les Anglais, et son cri de guerre : Notre-Dame Guesclin! était redouté de tous les ennemis de la France.

La guerre l'ayant conduit dans le Velay, il reçut au Puy une députation des habitants du Gévaudan. Ces bonnes gens, fort incommodés des courses que faisait sur leur territoire la garnison de Châteauneuf-Randon, venaient le supplier de mettre un terme aux violences, aux vexations, aux mauvais traitements de toutes sortes que leur faisaient endurer les Anglais.

Bertrand accueillit ces plaintes avec sa bonté ordinaire. Il promit aux députés de les délivrer de ce voisinage qui les empêchait de se livrer en toute sécurité aux travaux des champs, et de faire payer cher aux Anglais les dommages qu'ils en avaient reçus.

Il exécutait toujours avec la plus grande promptitude ce qu'il avait résolu; il partit donc avec son armée et alla mettre le siége devant Châteauneuf-Randon. La place était forte, la garnison nombreuse et déterminée à se bien défendre; quoique les Français fissent de leur mieux, ils perdirent beaucoup de monde sans parvenir à s'emparer de la ville. Chaque jour avaient lieu de nouvelles attaques; on y faisait, de part et d'autre, de belles prouesses; mais les affaires n'en étaient pas pour cela plus avancées. Le connétable, insensible à la fatigue, était partout, surveillait tout, animait sans cesse ses soldats; mais plusieurs de ses capitaines lui ayant été

enlevés, il renonça à prendre la ville aussitôt qu'il l'avait
espéré d'abord. Il se contenta d'en faire battre sans
relâche les murailles et de la serrer de plus près pour
qu'aucun secours n'y pût entrer.

Ce moyen lui réussit : les assiégés, se voyant sur le
point d'être forcés, lui proposèrent de rendre la place
le 12 juillet, si, avant cette époque, les Anglais n'étaient
pas venus à leur aide avec des forces suffisantes pour
battre le connétable.

Bertrand accepta cette condition avec d'autant plus de
plaisir, que les grandes chaleurs qu'il faisait alors fati-
guaient beaucoup son armée, et que lui-même était
souffrant. Il espérait qu'un peu de repos le rétablirait ;
mais les hostilités étaient à peine suspendues, que la
fièvre dont il avait ressenti les premières atteintes redoubla, et qu'il fut obligé d'avoir recours aux médecins.

Ceux-ci reconnurent dans l'état du malade des symp-
tômes dangereux ; toutefois, Bertrand était si fortement
constitué, qu'ils se flattèrent de le guérir. Ils n'épar-
gnèrent ni leurs soins ni leurs peines ; mais le mal allait
s'aggravant chaque jour.

La tente de du Guesclin était assiégée de seigneurs, de
capitaines, de soldats, qui recueillaient les paroles échap-
pées aux médecins et les répandaient dans tout le camp.
L'inquiétude en avait chassé le sommeil ; on eût dit que
tous ces hommes étaient menacés de la perte d'un bienfaiteur ou d'un père. La nouvelle de la maladie du
connétable ayant pénétré dans la ville, n'y causa guère
moins d'émotion que dans sa propre armée. Il était pour
les assiégés un ennemi redoutable, mais si généreux,

qu'ils ne pouvaient s'empêcher de l'estimer et de faire des vœux pour lui.

Quand les médecins eurent déclaré qu'il ne leur restait aucun espoir de sauver l'illustre malade, la désolation régna dans tout le camp, et les capitaines ordonnèrent des prières publiques, qui furent souvent accompagnées des larmes des soldats.

Bertrand n'avait pas attendu la décision des gens de l'art pour se rendre compte de son état.

— Je n'ai que soixante ans, il est vrai, leur dit-il, quand ils essayèrent de le rassurer ; mais les quarante ans pendant lesquels j'ai fait la guerre peuvent compter pour le double ; ainsi vous voyez que je suis bien vieux et dois me préparer à la mort. Je l'ai vue si souvent de près, ajouta-t-il en souriant, que je ne puis beaucoup la craindre. J'aurais mieux aimé la rencontrer sur le champ de bataille ; mais Dieu est mon maître. Que sa volonté soit faite !

Du Guesclin reçut les secours de la religion avec la foi la plus vive et la piété la plus sincère. Tous ceux qui assistèrent à cette cérémonie ne pouvaient assez s'étonner de sa tranquillité d'esprit, de son recueillement et de l'ardeur avec laquelle il unissait ses prières à celles de l'Eglise. La tente du connétable était ouverte, et les soldats, prosternés au dehors, donnaient un libre cours à leurs pleurs et à leurs gémissements.

Après avoir mis ordre à sa conscience, il s'occupa de ses affaires temporelles. Il laissa plusieurs terres et seigneuries à Jeanne de Laval, sa femme, et à Olivier du Guesclin, son frère, qu'il avait racheté des mains des

Anglais, et qui se tenait auprès de son lit de douleur. Il récompensa généreusement tous ceux qui l'avaient servi et ordonna que son cœur fût porté en Bretagne, dans l'église des Dominicains de Dinan, où sa chère Tiphaine avait été inhumée.

Ces arrangements terminés, il fit apporter sur son lit l'épée de connétable. Il réunit toutes ses forces, la prit, et, la tenant toute nue entre ses mains, il la considéra quelques instants en silence, comme plongé dans une méditation profonde.

— Dieu et le roi m'avaient confié cette épée, dit-il ensuite ; je viens d'examiner, au moment de m'en séparer, comment je l'ai employée, et ma conscience est tranquille. Je ne regrette, en mourant, que de n'avoir pas tout à fait chassé les Anglais du royaume. Dieu en a réservé la gloire à quelque autre qui en sera plus digne que moi. C'est peut-être à vous, monsieur le maréchal, que le ciel en fera la grâce, ajouta-t-il en se tournant vers Louis de Sancerre. Je le souhaite ; car je vous regarde comme l'homme le plus capable de mener à bien cette grande entreprise.

Du Guesclin fit signe à son frère de lui découvrir la tête ; il s'inclina, baisa respectueusement l'épée, dont le poids devenait trop grand pour ses mains défaillantes, et la remit à Sancerre.

— Recevez-la, dit-il, et, en la rendant au roi, dites-lui que je le remercie de ses bontés et lui demande pardon des fautes que je puis avoir faites par imprudence, depuis qu'il me l'a confiée ; car je n'en ai point commis volontairement. Assurez-le que je meurs son serviteur,

et que je regrette de n'avoir pu le délivrer entièrement de
ses ennemis.

Le maréchal prit l'épée et reçut en pleurant les adieux
du connétable.

— Mes chers amis et compagnons, reprit du Guesclin
en s'adressant aux capitaines qui l'entouraient, je vous
rends grâce de la manière dont vous m'avez soutenu dans
tous les combats que nous avons livrés ensemble et de
votre belle conduite dans les dernières affaires. La mort
ne me laisse pas le temps de vous en récompenser comme
je l'aurais voulu, ni de rendre compte de votre mérite au
roi ; mais continuez à le bien servir, et ce prince, le plus
juste et le plus généreux qu'il y ait au monde, saura bien
vous en témoigner sa satisfaction. C'est à lui que je vous
recommande tous en mourant, ainsi que les deux personnes que j'aime et honore le plus, mon frère et ma
femme. Je le prie d'avoir pour ces deux chères personnes autant de bonté qu'il en a eu pour moi, et de les
prendre sous sa protection. Je vous dis adieu à tous, mes
amis, ajouta-t-il après un nouveau silence, et je vous
prie encore une fois de continuer à bien servir le roi, et
de l'aider par votre valeur à mettre la paix dans son
royaume. Il faut que je vous répète aussi, avant de
mourir, ce que je vous ai dit souvent et ce que j'ai eu
quelquefois le malheur d'oublier dans ma jeunesse : c'est
que les femmes, les enfants, les gens d'église, le pauvre
peuple qui laboure et qui sème, ne sont pas vos ennemis,
et qu'ils ne doivent pas souffrir des maux de la guerre.
Votre devoir est, au contraire, de les défendre, de les
protéger ; car vous n'avez affaire qu'à ceux qui ont

l'arme au poing. Je vous le recommande aujourd'hui pour
la dernière fois, en vous priant de vous souvenir de moi
quand je ne serai plus de ce monde.

Le connétable échangea encore quelques paroles avec
son frère, avec Olivier de Clisson et Olivier do Mauny, ses
meilleurs amis. Il s'occupa de la reddition de la place, et
de ce qu'il y aurait à faire pour continuer la guerre avec
succès. Puis, sentant ses forces l'abandonner, il ne voulut
plus penser qu'à l'éternité qui s'ouvrait devant lui. Il prit
à deux mains le crucifix que lui présentait le ministre du
Seigneur, le contempla en silence pendant quelque temps,
fit un effort pour le porter à ses lèvres, et rendit son âme
à Dieu, le 13 juillet 1380, à l'heure de midi.

Des cris et des sanglots éclatèrent dans tout le camp.
Depuis plusieurs jours on était prévenu de la fin prochaine du connétable; mais on n'y croyait pas, chacun
aimant à se persuader que Dieu ferait un miracle pour
conserver ce grand homme à la France.

Quelques instants avant que du Guesclin rendît le
dernier soupir, Louis de Sancerre se présenta devant
Châteauneuf-Randon, fit appeler le gouverneur et le
somma de rendre la place, le délai fixé pour que les
Anglais vinssent à son aide étant expiré.

— Je suis prêt à exécuter le traité, répondit le com-
mandant. Que monsieur le connétable veuille bien
prendre la peine de venir recevoir les clefs de la place,
puisque c'est à lui que je dois les remettre.

Sancerre, un peu embarrassé, s'éloigna, en disant qu'il
ne tarderait pas à revenir. En son absence, Bertrand
avait cessé de vivre. Après la première effusion de sa

douleur, il consulta les autres capitaines sur ce qu'il devait faire ; puis il retourna vers le gouverneur, avec les otages qui répondaient de la reddition de la place.

Il lui apprit la mort de du Guesclin et l'invita à livrer la forteresse aux Français.

— J'ai promis de la rendre à monsieur le connétable ; aucun autre n'aurait pu me forcer à ouvrir mes portes, et lui seul a reçu ma parole, dit le gouverneur.

— Amenez les otages au pied des murs, et qu'on leur coupe la tête ! s'écria le maréchal.

Les Anglais effrayés baissèrent aussitôt la herse du château et présentèrent les clefs à Sancerre. Il les refusa, en disant :

— C'est à messire Bertrand que vous les avez promises ; à lui vous les rendrez sans tarder.

Le gouverneur et plusieurs de ses officiers suivirent de près le maréchal. Celui-ci fit ranger l'armée en bataille, appela les principaux capitaines autour du lit mortuaire, y plaça des hérauts d'armes, et déposa sur un coussin de velours violet, semé de fleurs de lis d'or, l'épée de connétable, sur laquelle il appuya la main du défunt.

Les Anglais traversèrent le camp et furent introduits auprès des restes du héros. Ils s'agenouillèrent pour faire leur prière ; puis le gouverneur se leva, et, s'approchant du lit, il dit :

— Ce n'est point à ce corps insensible que je rends ma place ; c'est à vous-même, monsieur le connétable ; c'est à votre âme immortelle, dont la valeur et la noblesse m'ont vaincu. J'aurais versé jusqu'à la dernière goutte de mon sang plutôt que de subir la honte de remettre à tout

autre que vous les clefs de ma ville ; mais je vous les ai
promises, et les voici.

En même temps il déposa les clefs aux pieds du mort,
s'agenouilla encore une fois et se retira en fondant en
larmes. Ses capitaines n'étaient pas moins émus que lui,
et les seigneurs français, si rudes au combat, si peu habitués à s'attendrir, sanglotaient comme des enfants.

Après la reddition de Châteauneuf-Randon, Louis de
Sancerre fit embaumer le corps du connétable et le fit
transporter dans l'église des Cordeliers du Puy, où il
resta exposé pendant quelques jours. Une foule immense
s'y pressa constamment ; les gens du Gévaudan s'y rendirent comme à un pèlerinage et se firent remarquer
entre tous les autres par la vivacité de leur douleur.

— C'est pour nous qu'il est mort, disaient-ils. Ah ! que
notre délivrance nous coûte cher !

Dès que le connétable eut rendu le dernier soupir, les
capitaines expédièrent un courrier chargé d'annoncer
cette nouvelle au roi. Partout où il passait, le peuple
prenait le deuil ; on eût dit qu'une terrible calamité venait de frapper la France. On n'entendait plus que ces
mots :

— Le bon connétable est mort !... Nous avons perdu
notre protecteur et notre père !... Qui nous défendra
maintenant contre nos ennemis ?

Paris et la cour ne sentirent pas moins que les provinces la grandeur de cette perte ; mais elle causa plus de
douleur au roi qu'à qui que ce fût. Il savait mieux que
personne apprécier les services rendus à son royaume
par l'illustre connétable, et, chose rare, il aimait autant

ce fidèle serviteur qu'il l'estimait et l'admirait. Il devait sans doute à sa prudence la prospérité dont la France commençait à jouir, après avoir souffert tant de maux et d'humiliations sous les règnes précédents ; mais il la devait aussi à la redoutable épée de du Guesclin. Si Charles était la tête du royaume, Bertrand en avait été le bras.

Charles V avait fait construire dans l'abbaye de Saint-Denis, consacrée à la sépulture des rois, une chapelle pour Jeanne de Bourbon, sa femme, et pour lui. Il fit transporter dans cette chapelle les restes du bon conné-table, afin que la mort même ne le séparât point de son fidèle ami.

FIN.

TABLE.

I.

II.

III.

IV.

V.

VI.

VII.

VIII.

IX.

X.

FIN DE LA TABLE.

Rouen. — Imp. MÉGARD et Cⁱᵉ, rue Saint-Hilaire, 139.